Antonio Mira de Amescua

La próspera fortuna
de don Bernardo Cabrera

Edición de Vern Williamson

Barcelona **2024**
Linkgua-ediciones.com

Créditos

Título original: La próspera fortuna de don Bernardo Cabrera.

© 2024, Red ediciones S.L.

e-mail: info@linkgua.com

Diseño de cubierta: Michel Mallard.

ISBN tapa dura: 978-84-1126-247-7.
ISBN rústica: 978-84-9816-099-4.
ISBN ebook: 978-84-9897-576-5.

Sumario

Brevísima presentación

La vida

Antonio Mira de Amescua (Guadix, Granada, c. 1574-1644). España.
De familia noble, estudió teología en Guadix y Granada, mezclando su sacer-
docio con su dedicación a la literatura. Estuvo en Nápoles al servicio del
conde de Lemos y luego vivió en Madrid, donde participó en justas poéticas
y fiestas cortesanas.

Esta obra, inspirada en la historia política de España, relata la vida de Bernardo
Cabrera (Calatayud, 1289-Zaragoza, 1364). Este noble aragonés participó en
la conquista de Mallorca (1343), y comandó la escuadra que derrotó a la
flota genovesa y se apoderó del Alguer (1353). Consejero de Pedro III el
Ceremonioso, fue acusado de traición y ejecutado tras negar su apoyo a los
aliados de éste, Enrique de Trastámara y Carlos el Malo de Navarra, contra
Pedro I de Castilla.

Personajes

Don Bernardo de Cabrera
Don Lope de Luna
Don Ramón de Moncada
Doña Leonora Enríquez de Lara
Doña Violante, infanta
Dorotea, criada vieja
El conde de Ribagorza
El Rey de Aragón, Pedro IV
Lázaro, lacayo
Nuño
Roberto, lacayo
Tiburcio
Tres soldados
Un Gobernador
Un Labrador viejo
Un Portero
Un Secretario
Una Viuda

Jornada primera

(Salen don Bernardo de Cabrera y don Lope de Luna, galanes.)

Lope
    Mi inclinación, Bernardo, es generosa;
máquinas grandes emprender desea;
hame cansado ya la vida ociosa
de mi antiguo solar y de mi aldea.
Vengo a la Corte de Aragón famosa
con ánimo, que el Rey servir me vea
en alguna ocasión y fama cobre,
que quien al Rey no sirve, muere pobre.
    Hijo segundo soy, aun es mi vida
en extremo notable desdichada;
no escapé de pendencia sin herida;
pretendiendo jamás alcancé nada;
ni jugué sin perder, [¡dichosa vida!]
[debió ser] mi fortuna ocasionada;
fue ascendente, y soy tan desdichado
que quiero siempre amar sin ser amado.
    Estas desdichas resistir pretendo
en la corte del Rey don Pedro Cuarto,
cuya fama y blasón se va extendiendo
desde el rubio alemán al indio y parto.
Mi natural desdicha iré venciendo
si de este clima en que nací me aparto,
aunque el imaginar me desanima
que no muda fortuna el mudar clima.

Bernardo
    Señor don Lope de Luna,
no entendéis que de ese modo
os trate a vos la Fortuna.
Dios es el dueño de todo
que sin Él, no hay causa alguna.

Algunos piensan, y mal,
que el ánima racional
fuerzas de estrellas recibe;
el bruto, sí, porque vive
con el alma y cuerpo igual.
　De los trabajos os digo
que Dios los reparte al malo
por prevención de castigo
y por mérito y regalo
los suele dar al amigo.
　Y así los vanos temores
que en juegos, fiestas y amores
mostráis de vuestra desdicha,
dicen que tenéis la dicha
guardada en cosas mayores.
　De mí os podré asegurar.
Nunca reñí sin herir,
nunca jugué sin ganar,
no pedí sin recibir
y no amé sin alcanzar.

Lope 　　　Esta dicha, y conocerte,
a pretender me convida
fiado en mi buena suerte;
démela Dios en la muerte
ya que me es mudable en vida.

(Salen Lázaro y Roberto, lacayos.)

Lázaro 　　　　　¿De dónde sois?

Roberto 　　　　　　　　De León.

Lázaro 　　　　¿Qué os obliga a que se deje

10

	la patria por Aragón?
Roberto	Necesidad.
Lázaro	Esa hereje me sigue.
Roberto	¿Cómo?
Lázaro	Atención:

Baste para que se entienda
cuán grandes son mis desgracias,
que no ha habido al fin caballo
que haya padecido tantas.
Diez años ha que juré
el arte del almohaza;
que en aquesto de rascar
tengo gracia «gratis data».
Que es verme a las mañanicas,
empapado en unas ancas,
cantar lo de Baldovinos
al son que vierto la caspa.
Y con todo eso es tan grande
la desdicha que me alcanza
que, al revés de Architiclinos,
se me vuelve el vino en agua.
Si entro en la plaza a los toros,
luego arremete a mis calzas,
y ensartándome en un cuerno
soy volatín de arracada.
Todo al revés me sucede,
jamás alcanzo una blanca
y pruebo, mudando hitos,
si mi fortuna se cansa.

Bernardo

Traernos una intención
juntos y una voluntad
a la Corte de Aragón
de muy estrecha amistad
señales y prueba son.

Don Lope, aunque pobre estoy,
hidalga palabra os doy
de tener siempre ofrecida
a vuestra amistad mi vida,
un nuevo don Lope soy.

Que al mundo vuelvan deseo
Pílades y Orestes. Creo
que en Pitias ni que en Damón,
Alejandro en Efestión,
en Hércules ni en Teseo
  no cupo amistad igual.
Cástor y Pólux partieron
el cielo y vida inmortal.
Lo mismo que ellos hicieron
haremos en bien o en mal.

Lope

Daisme honrados pensamientos;
vuestro don Lope se nombra,
y crecerán mis intentos
si los ampara la sombra
de vuestros merecimientos.

Si hacemos dos almas una,
no temo desdicha alguna;
vuestro Amiclas soy y os sigo,
que sois César, y conmigo
llevaré vuestra ventura.

Bernardo

¿Cuándo pensáis de hablar

12

al Rey?

Lope
Eso he deseado
luego, si me dan lugar.

Bernardo
Yo he menester un criado.

Lope
Yo otro quisiera hallar.

Bernardo
Siempre suelen acudir
a este patio de palacio
los que pretenden servir.
Busquémoslos.

Lope
No habrá espacio
porque el Rey querrá salir
a este corredor a dar
audiencia.

Roberto
Estos dos pelones
sirvientes van a buscar.

Lázaro
Y parecen novatones;
yo me quiero acomodar.
Porque un hidalgo de aldea,
viendo esta corte, se admira,
gasta largo y se pasea,
y, abierta la boca, mira
y no hay cosa que no crea.
Mas si en amorosa lucha
entra el pobre galanao,
a cualquier mujer que escucha,
siendo sota o bacalao,
la tiene por Reina o trucha.

Que ciego de enamorado
suele gastar sin sentillo
y solo medra el criado
que le fue su lacaíllo
y en al amor le ha guiado.
    Pierde los bríos primeros
y se vuelve como vino.

Roberto   Si se vuelve sin dineros
                 no volverá como vino.

Lázaro   Vuelve como vino, ...en cueros.

Roberto   Si necesidad tenéis,
                 mis señores, de criados,
                 los dos que delante veis
                 son bien nacidos y honrados

Bernardo   Así nos lo parecéis.

Lope   ¿Sois de la corte?

Lázaro   En su mar
                 servir de piloto puedo
                 al que empieza a navegar;
                 no hay mentira, no hay enredo
                 que no sepa penetrar.
                     Bellacas hay, que si os huelen
                 como moscateles uvas,
                 con los engaños que suelen,
                 no habrá barbero ni bubas
                 que tanto os rapen y pelen.
                     Aquí de cualquier mozuela
                 por aya una vieja va,

14

que sin género de muela
la sangre murmullará
como bruja o sanguijuela.
    Aquí una tuerta o gafa,
toda pescuezo y barriga,
[nada sino una piltrafa],
si hay necio que algo le diga,
también como otra le estafa.
    Ni hallarás quien quiera bien
aunque por dar te desuelles.
Niñas de Matusalén
más arrugadas que fuelles
quieren que ferias les den.
    Y así en nosotros hoy viene
una antorcha y un lucero
que os guíe.

Bernardo   Buen humor tiene.
                  Sírveme.

Lázaro   Veré primero
                 cuál de los dos me conviene.
                     ¿Cómo os llamáis?

Bernardo   Don Bernardo
                 de Cabrera.

Lázaro   ¿Y Vos?

Lope   Don Lope
                 de Luna.

Lázaro   Escojo. ¿Qué aguardo?
(Aparte.)   (¡Oh, plegue a Dios que no tope

el peor! Éste es gallardo.
  y Cabrera no me suena
bien [que] mejor es la Luna
que quizá se verá llena
de riqueza y de fortuna
y será mi dicha buena.)
    Don Lope ha de ser mi amo.

Lope   ¿Cómo te llamas?

Lázaro   Me llamo
Lázaro, porque en las ferias
desdichas vendo y lacerias,
y así mi nombre [encaramo].
  Soy desdichado y sospecho
que con vos harán mudanzas
mis desdichas.

Roberto   Satisfecho
os dejaré de fianzas.

Lázaro   Haga el amo buen provecho.

(Salen el Rey, el Conde de Ribagorza y acompañamiento.)

Conde   El corredor despejen: ¡Plaza, plaza!
Que Su Majestad sale a dar audiencia.
¡Plaza!

Lope   Buena ocasión. Pienso informarle
de los grandes servicios de mi padre,
pidiéndole me ocupe en algún cargo
donde pueda servir.

Bernardo	Lo mismo pienso.
Conde	Vuestra Real Majestad imita en esto al gran Trajano, que en lugares públicos audiencia daba.
Rey	Importa algunas veces; que se ganan así todos los ánimos, quiérenle bien al Rey y los vasallos hablarle pueden sin dificultades.
Conde	Los que a Su Majestad hablar quisieren, vénganse acercando.

(Arrímase un bufete y sale un gobernador.)

Lope (Aparte.)	(Quieran los cielos que llegue en ocasión. Otro ha llegado primero.)
Gobernador	Aunque las cosas importantes, tanto como éstas, a tratar me envía la corona, requieren que en audiencia particular se traten. No he querido, supuesto que las traigo reducidas a solo un punto y nadie las escucha.
Rey	Habéis hecho muy bien; que ya deseo ver aquesa unión.
Gobernador	Se han reducido los reinos de Aragón y de Valencia a aquesta condición.

Rey	Dificultosa sospecho que será. Di.
Gobernador	Que despidas algunos que te sirven en palacio y los gentileshombres de tu cámara, excepto el Conde.
Rey	¿Cuál?
Gobernador	De Ribagorza. Piensan que aquéstos te han aconsejado, o temen, que podrán aconsejarte en perjuicio del reino.
Rey	[Mal piensan]. y se temen neciamente; mas quiero darles gusto.
Gobernador	Grande merced les haces, las justicias vendrán a tratar de eso.
Conde	Otro llegue.

(Sale un secretario a dar un papel al Rey.)

Lope (Aparte.)	(¡Ocasión! Favor y ayuda, ¿hay más azares? Cada vez me hurtan la bendición.)
Secretario	Leonora ha respondido. Aunque Tu Majestad esté en audiencia, no puede reportar el alboroto, y te traigo el papel.

Rey (Aparte.)   (¡Quieran los cielos
                                 que responda a mis ruegos más afable!)

Lope (Aparte.)   (Yo llego, pues aquél se ha retirado.)

Conde   No lleguéis, porque el Rey está leyendo.

(Lee el Rey la carta.)

Rey   «Porque corresponder no puedo al gusto
                                 que pretendes, sin daño de mi honra,
                                 suplico a tu grandeza, humildemente,
                                 que no conquiste cosas imposibles,
                                 obligándome ya con sus papeles
                                 a serle descortés no respondiendo.»

(Deja de leer.)   ¡Oh, qué extraño rigor! ¡Desdén tirano!

Conde   Llegar podéis agora.

Lope (Aparte.)   (¡Quiera el cielo
                                 que escuche con benévolos oídos
                                 mis relaciones!) Oh, señor invicto,
                                 si Vuestra Majestad tiene noticia
                                 —que sí tendrá— de don Martín de Luna,
                                 el que a la sacra majestad, que el cielo
                                 agora tiene, de su excelso padre,
                                 en palacio sirvió en diversos cargos...

Rey (Aparte.)   (¿Hay tal rigor? ¿Habrá pena tan dura,
                                 combatida del mar? ¡Oh, cruel leona!
                                 No acabo de creer tantos desdenes.)

Lope

...Gentilhombre de Cámara, al principio,
fue de Su Majestad, y Mayordomo
de la casa después, y en la conquista
de Cerdeña sirvió como se sabe...

(Lee el Rey.)

Rey (Aparte.)

(«Que no conquiste cosas imposibles.»
¡Qué así se escriba a un Rey que adora tanto!)

Lope

...Allí arriesgó su vida muchas veces,
hasta que su valor, industria y fuerzas
las islas sujetó, y por no cansarte
no refiero servicios de su padre...

(Lee el Rey.)

Rey (Aparte.)

(«Obligándome ya con sus papeles
a serle descortés, no respondiendo.»
¡Insufrible desdén! ¡Crueldad no vista!)

Lope

...Como murió Su Majestad, mi padre,
que don Martín de Luna fue, estuvo
retirado, y no rico, hasta su muerte.
yo, como le imito en los deseos
de servir a su Rey, vengo a servirte
en la paz y en la guerra, como debo.
Y así a Tu Majestad cesárea pido
humildemente que me ocupe en algo
en que manifestar mi pecho hidalgo.

Rey (Aparte.)

(Siendo sentencia de mi muerte, quiero
mirar este papel —¡Oh, cruel Leonora!—.
Yo he estado divertido y no he escuchado

lo que éste me ha dicho; encubrir quiero
esta poca atención; que es gran defecto
en el Rey y en el juez.) Bien está, dadme
un memorial después.

Lázaro   ¡Por Dios, yo tengo
amo dichoso! ¿Memorial le pide?
Digo que tengo buen olfato de amos.

Roberto   Llegará el mío y verse ha lo que pasa.

Bernardo   Yo soy un catalán, que deseoso
de que Tu Majestad servirle mande
en alguna ocasión, aquí he venido.
Mi nombre es don Bernardo de Cabrera,
hijo de Sancho de Cabrera. Pienso
que ya Tu Majestad tiene noticia
de los muchos servicios que mi padre
al Rey, que en gloria esté, hizo. Está viejo
y pobre en Barcelona; yo deseo
proseguir sus intentos —¡Favor cielo!—
y suplico a Tu Majestad nos honre
en servirse de mí si le parece
que mi intención y sangre lo merece.

Rey   ¿Hijo sois de don Sancho de Cabrera?

Bernardo   Sí, Sacra Majestad.

Rey   ¿Tiene más hijos?

Bernardo   No, señor.

Rey   ¿Está viejo?

Bernardo	Viejo y pobre.
Rey	Grande gusto me habéis hecho en veniros a Aragón. Abrazadme, don Bernardo, porque soy inclinado a catalanes y a vuestro padre mucho.
Bernardo	Besar deja tus reales pies.
Rey	Desde hoy en mi servicio os quedaréis, y a tiempo habéis venido que quiero recibir nuevos criados, y en serlo vos, haréisme gran lisonja.
Bernardo	¡Viva Tu Majestad muy largos años!
Rey	Conde.
Conde	¿Señor?
Rey	Desde hoy es don Bernardo de mi cámara.
Conde	¿Ayuda?
Rey	Gentilhombre; que es don Bernardo de Cabrera, hijo de Sancho de Cabrera, el valeroso.
Bernardo	Tu vasallo menor.
Roberto	Romadizadas

tuviste las narices cuando oliste
los amos por detrás y por delante.
Yo sí que soy famoso perdiguero.
Mira las honras.

Lázaro   ¡Voto a Dios, que rabio!
Algún villano, pícaro o judío
es esotro, pues de él caso no hace.

Lope (Aparte.)   (No sé cómo quejarme de mi suerte.
¿Son los servicios de mi padre menos?
¿No soy tan noble como don Bernardo?
¡Qué dé yo memorial y llave al otro!
El la merece bien, Dios se la ha dado,
¡paciencia, pues nací tan desdichado!)

(Sale un soldado.)

Soldado   Desde Cerdeña vengo a dar aviso
a Vuestra Majestad, del alboroto
que algunos sardos han movido en ella,
y rebelados contra la corona
toman las armas, sin que los leales
lo puedan defender, que fugitivos
con el gobernador, que ésta te escribe,
esperan gente ya, que es necesario
conquistarla otra vez.

Rey   ¿Los rebelados
tienen las fuerzas?

Soldado   Sí, señor.

Rey   ¿Y Jaime

de Aragón?

Soldado   No ha podido resistirlos.
Son pocos los leales.

Rey   Nueva guerra
a Cerdeña he de hacer. ¡Ah, don Bernardo!

Bernardo   ¿Señor?

Rey   ¿Fuiste soldado en algún tiempo?

Bernardo   De mi padre lo fui, cuando Cerdeña
se rebeló.

Rey   Otra vez se ha rebelado.
Conde.

Conde   ¿Señor?

Rey   Tomad aqueste pliego
y veremos después en mi consejo
lo que importa hacer. Vos, don Bernardo,
para aquesta jornada preveníos.

Lope   Buenos fueran aquí los brazos míos.

Roberto   Capitán me has de ver en esta guerra.
Mucho mi amo vale en esta corte.
Mercedes te he de hacer. Mi muchillero
serás o mi tambor.

Lázaro   Yo desespero.

Conde   ¡Plaza!

Rey   ¿Quién viene?

Secretario   La Infanta.

(Salen la Infanta Violante y Dorotea, dama vieja, trayendo la falda a la Infanta, y Leonora.)

Mi señora pasar quiere
a su cuarto.

Rey (Aparte.)   (¿Quién no muere
contemplando gloria tanta?
    ¡Ay, Leonora! ¡Ay, dueño mío!
Juntos mi fe y tu rigor
van convirtiendo mi amor
en un loco desvarío.)

Violante   ¿Ha dado Tu Majestad
audiencia?

Rey   Sí, y un papel
más amargo y más crüel
que la muerte y la verdad
    me dieron con ella.

Leonora (Aparte.)   (Pienso
que es el mío.)

Violante   Di, ¿qué ha sido?

Rey   Que fuerte se ha resistido
a mi fe y amor inmenso.

Violante	¿Quién?
Rey	La que [yo] más quería,
	y está a mis ojos quitando
	en la noche, el sueño blando
	y alegre luz en el día.
	Quien es monte, quien es peña
	a las olas de mi llanto.
(Aparte.)	(No es bien declararme tanto.)
	Digo, Infanta, que Cerdeña
	se rebeló.
Violante	No es razón
	que a Tu Majestad lastime
	de esta suerte, antes anime
	la corona de Aragón
	a que restaurarla quiera.
Rey	Tengo un nuevo aragonés
	para esta empresa.
Violante	¿Quién es?
Rey	Don Bernardo de Cabrera,
	hijo mayor de don Sancho
	de Cabrera, cuyo pecho,
	sirviendo a mi padre ha hecho
	que herede el reino más ancho.
	Besad la mano a la Infanta,
	don Bernardo.
Bernardo	De mi esfera
	saldré, si de esta manera

26

Tu Majestad me levanta.
   Quedará desvanecido
mi entendimiento, celada
la voz, la lengua turbada
y el ingenio divertido.
   Apenas pedir sabré
a Vuestra Alteza, la mano.

Rey   Es galán y cortesano.

Bernardo   Ya en tu corte lo seré,
                porque palacios de reyes
             políticos hombres hacen,
             y en ellos dicen que nacen
             la discreción y las leyes.
                A servirte vengo, y creo
             que he de saber agradarte,
             aunque traigo de mi parte
             solo el ánimo y deseo.
                Mi señor y mi Rey eres,
             muéstrate en mandarme franco;
             el ánimo traigo en blanco,
             pinta en él lo que quisieres.

Rey   Quiero, viendo su valor,
             que en mi cámara se quede
             gentilhombre.

Violante (Aparte.)   (Serlo puede
             de la cámara de Amor,
                y traer colgada en la cinta
             llave de mil voluntades.)

Bernardo (Aparte.) (¿En qué angélicas deidades

27

tal hermosura se pinta?
  Ni el alba cuando en las flores
perlas de sus ojos llueven
que las saludan y beben
los pajarillos cantores;
  ni los pavones lucidos
cuando en la cola y espaldas,
de zafiros y esmeraldas,
muestran cien ojos dormidos;
  ni el mar, cuando no se enoja
con el viento, y blando suena,
y la orilla entre la arena
ámbar y perlas arroja;
  ni el cinamomo, ni el cedro
gozan beldad semejante
a la que tiene Violante,
hermano del Rey don Pedro.)

Leonora (Aparte.)   (Buen talle de caballero,
discreto es, como gallardo.
Holgaré que don Bernardo
me festeje en el terrero.
  Que si el Rey me tiene amor
sus intentos cesarán
viendo servirme un galán
que le está bien a mi honor;
  mas la Infanta ha puesto en él
los ojos con atención.
Si le siento inclinación,
diciéndola males de él,
  podré refrenarla.)

Dorotea (Aparte.)   (Creo
que éste es don Lope de Luna.

¿Si es él? Sí, sin duda alguna,
o ya con mi edad no veo.
    Su padre aquí me sirvió
siendo de la Reina dama,
y así la sangre me llama
después que en Huesca me vio.
    A quererle bien, Amor,
tu fuerza a mi edad se atreve,
perdí el oro, peino nieve,
respéteme tu rigor.)

Secretario   Las justicias quieren verte.

Rey   Verélas de buena gana.
                    ¿Viene Vuestra Alteza, hermana?

Violante   Sí, señor.

Bernardo (Aparte.)   (Mil rayos vierte
                    de gloria y de resplandor
                    por los ojos. Deteneos,
                    pensamientos y deseos,
                    que es locura y no es amor.)

(Vase el Rey y lleva de la mano a su hermana.)

Lope (Aparte.)   (Como el que ciego nació,
                    y vivió en sueño profundo,
                    y se espantó en ver el mundo
                    cuando sus ojos abrió;
                        como el que en medio del mar
                    entre tormentas airadas,
                    islas halló no pensadas
                    de riquezas singular;

como el que en sus horizontes
tras temeroso diluvio
mira un arco verde y rubio
como columnas de montes,
  así me he quedado yo
entre mi corta ventura
contemplando en la hermosura
que el cielo a la Infanta dio
  sueño, diluvio, mar. Pena
es mi desdicha, y la Infanta
arco que su luz levanta
y la tempestad serena.
  Quien vio su hermoso valor
no se llame desdichado
si no es que haberla mirado
es la desdicha mayor.)

(Vase don Lope.)

Roberto   Lázaro.

Lázaro   Diga.

Roberto   Prometo
de haceros mucha merced
aquí en palacio. Volved
por acá, porque en efeto
  fuisteis, cuando escudero,
amigo y no soy ingrato.

Lázaro   ¿Qué es agora el mentecato?

Roberto   Bueno, a fe de caballero.

(Vase Roberto.)

Lázaro   Después que a un poste arrimado
diez días, con hambre estaba
diciendo al que me miraba:
«¿Ha menester un criado?»;
    después que no quedó calle,
poste, esquina, puerta o puesto
en quien cédulas no he puesto
alquilando aqueste talle,
    hallo por amo a una Luna
que a este mísero criado
señales de agua ha mostrado,
pero de vino ninguna.

(Vase Lázaro. Sale don Lope con un memorial.)

Lope   Fortuna, aunque des asiento
a Cabrera sobre ti,
no ha de haber envidia en mí
ni en él desvanecimiento.
    Levántele en hora buena,
que consuelo es de mi pena
aunque sus pasos no sigo;
que la dicha del amigo
dicha es propia y no es ajena.

Bernardo   Don Lope, amigo, mitad
del alma de aqueste pecho,
a don Bernardo abrazad
porque le haga provecho
aquesta prosperidad.

(Abrázanse.)

Lope	Y porque junto con vos en amistad y en abrazos tendremos honra los dos, vos del Rey, yo de esos brazos.

Bernardo	La suya no os niegue Dios,
	    porque las honras que nacen
	del mundo y su monarquía,
	los mismos efectos hacen
	que el agua en hidropesía:
	hinchan y no satisfacen.
	    Llave dorada y bastón
	me ha dado el Rey. Gran merced,
	pero de tal condición
	que me ha causado más sed.

Lope	Pequeñas mercedes son. Más merecéis alcanzar y así no os hartan.

Bernardo	Ya veo
	que aquésa me ha de sobrar.
	Pero el humano deseo
	no se sabe contentar.
	    Viendo al Rey con vos injusto,
	me acontece lo que al gusto
	que en mitad de su placer
	una muerte suele ver
	porque nada le dé gusto.
	    Una ceremonia usaban
	cuando papas elegían,
	que unas estopas quemaban
	ante el electo y decían:

«Así las honras acaban.»
   Lo mismo es, si se advierte,
que en honrarme el Rey se extrema;
mas viéndoos de esa suerte
débil estopa me quema
y yo contemplo una muerte.

(Señala la llave.)   ¿Qué hombre bárbaro, qué rudo
de los que en la Scitia están,
alegre mirarse pudo
el medio cuerpo galán
y el otro medio desnudo?
   ¿Qué importa, pues, me decid,
que una sacra majestad
galas me haya dado a mí
si siendo vos mi mitad
os deja desnudo así?

Lope   Cuando dos en el verano
suben a un árbol ufano,
el que de más fuerzas es
sube primero y después
al otro le da la mano.
   Un árbol es la privanza
que en su abril suele ofrecer
fruto y flores de esperanza
y a veces suele caer
el que las flores alcanza.
   Si el favor un árbol es
y a mí de subir me priva
mi desdicha, como ves,
trepa bien y sube arriba
porque la mano me des.
   Verte levantado espero
en las alas de tu dicha,

y aunque yo seguirte quiero
el peso de mi desdicha
me hace no ser ligera.

(Salen al balcón Violante y Leonora y paséanse don Lope y don Bernardo.)

Leonora   ¿Es posible que Su Alteza
a don Bernardo se inclina?

Violante   No me hizo a mí divina
la madre naturaleza.

Leonora   Dióte más obligación
de inclinarte bien.

Violante   Confieso
que dices bien, y por eso
resisto mi inclinación.
    Deseamos ser amadas
las mujeres, y este amor
con aquél tiene valor
a quien somos inclinadas.
    Sé que es valiente y amor
tiene en mí tal calidad
que en esta desigualdad
conoceré mi valor.

Leonora   Dígame cómo, Tu Alteza.

Violante   Cuando me amare mi igual
querrá mi sangre real
por conservar su nobleza;
    mas cuando mis desiguales
me amaren, podré entender

que se han dejado vencer
de mis partes personales.

Leonora (Aparte.)   (Vanos consejos la doy;
afición le tengo en vano,
ganado me ha por la mano
la Infanta.)

Violante   Viéndole estoy;
mire el que me satisface.

Leonora (Aparte.)   (Veré el que mi alma desea.)

Violante   Con qué buen aire pasea,
qué buenas acciones hace;
    su talle es proporcionado,
y aunque galán, es robusto.

Leonora (Aparte.)   (Digo que tengo mal gusto
porque a mí no me ha agradado.)
    Que se te parece bien
ya llega a ser desvarío.
Digo que no tiene brío
y es algo necio también.
    A apostar me atreveré
que danza mal.

Violante   Yo me atrevo
a que es un Aquiles nuevo
en la guerra.

Leonora   No lo sé;
pero él me parece mal.

Violante	A mí bien, no de manera que por esposo le quiera; que aunque es noble es desigual. Téngole alguna afición.
Leonora	Querrás que le dé a entender que deseamos saber las damas su inclinación. Porque con este color sabré si te está inclinado.
Violante	Agudísima has estado.
Leonora	Hace discretos Amor.
Violante	Díselo; mas disfrazado porque es de mi amor ajeno y el amor que tengo es bueno como el que el Rey le ha cobrado.
Leonora	¿De eso me adviertes? Ya veo qué he de hablar, tu honor seguro.
Violante	No tampoco tan oscuro que no entienda mi deseo.

(Vanse. Salen el Rey y don Ramón, dándole un memorial.)

Lope	Aqueste memorial tengo ya escrito para dárselo al Rey.
Bernardo	El viene y solo; buena ocasión para informarle tienes. Porque no se divierta en otras cosas

y el memorial no lea, me retiro.
Aquí fuera te aguardo.

(Vase don Bernardo.)

Lope
                                        Saldré luego.

Rey   Yo veré el memorial.

Ramón   Mil años reines.

(Vase don Ramón.)

Lope   Poderoso señor, humildemente
                pido a Tu Majestad pase los ojos
                por este memorial.

Rey   De buena gana.

(Lee el Rey.)   «Don Ramón de Moncada ha suplicado
                algunas veces, que merced le haga
                Tu Real Majestad de compañía,
                y no ha habido lugar; agora pide
                esta misma merced para Cerdeña.»

Lope (Aparte.) (Ya abrió mi memorial, ¡Ah, si me hiciese
                gentilhombre de cámara, sería
                dichoso, por seguir a don Bernardo.)

Rey   Éste dice: «Don Lope de...».

(Sale el Secretario.)

Secretario   Leonora,

por este corredor viene ahora sola.
Sal al encuentro.

Rey   Bien has avisado.

(Sale Leonora y hace que va a caer.)

Leonora   (Azar es para mí, si al Rey encuentro.)
                            ¡Torcióseme el chapín!

Rey   Milagro ha sido
                            si el cielo con la tierra se ha juntado,
                            o es que no puede sustentar el peso
                            del valor infinito de su cuerpo
                            o porque le tocasen vuestras manos.

(Levántala el Rey y cáesele el memorial.)

                            Quise abrazaros como enamorado.

Leonora   Porque Tu Majestad me levantase
                            me detuvo, sin duda, mi fortuna.
                            Tu Majestad se quede.

Rey   Es imposible.

Leonora   Ya volveréme aquí.

Rey   Voy a mi cuarto.

Leonora   Pasaré yo después.

Rey   Serviros tengo.

Leonora	Suplico a Vuestra Majestad se quede.
Rey	Espero de vencer.
Leonora	Porfiar no quiero.

(Vanse y salen don Bernardo y Roberto.)

Bernardo
Mira si al patio descendió don Lope
y avísale que estoy aquí esperando.

Roberto (Aparte.)
Voyle a buscar. (Mas, ¿qué es éste?
«Señor, don Lope de Luna... —[eso] dice—,
que es [el] hijo de don Martín de Luna...»
Aqueste memorial se le ha caído
a don Lope, sin duda. Ya no importa
y arrojado está. Aquí dar pienso a Lázaro
un mal rato con él, porque de envidia
se muere porque sirvo a don Bernardo.)

(Vase Roberto.)

Bernardo
Al Rey dejó Leonora y se ha tornado.
Ya viene adonde estoy. ¿Si quiere hablarme?

(Sale Leonora.)

Leonora (Aparte.)
(Con industria, del Rey pude librarme.)
   Algunas damas, que son
a quien galanes pasean,
ya, don Bernardo, desean
saber vuestra inclinación.
   Como el Rey os ha mostrado
tanto amor, y así [os] levanta,

a las damas de la Infanta
dais un curioso cuidado.

   y así aguardándoos están
a que inclinado os mostréis,
porque a todas parecéis
muy cortesano galán.

   Si ya vuestros pensamientos
no son sino de matar
peces que viven el mar,
aves que rompen los vientos,

   fieras que al valle descienden,
toros que el coso deshacen,
caballos que al Bétis pacen
y sardos que al Rey ofenden...

Bernardo

   Las acciones aprendidas
que tú inclinación les llamas,
al servicio de las damas
tengo siempre dirigidas.

Leonora

   No sé qué respuesta dar,
porque muestra esa razón
la común inclinación
mas no la particular.

   Como las cosas criadas
hizo diferentes Dios,
no es posible que esté dos
en un mismo caso amadas.

   De que vengo a colegir
que una por fuerza ha de ser
la que so obligue a querer
tu inclinación.

Bernardo
                  ¿Quién sufrir

desdén de damas celosas
puede sin causa divina?
Que esto sufre quien se inclina
a empresas dificultosas.

Leonora

    ¿En tu misma voluntad
actos libres no has tenido?

Bernardo

No es querer, en ser querido
está la dificultad.

Leonora

    No pretendas ser amado
y amar podrás a cualquiera.

Bernardo

¿Ya podré de esa manera
decir a quien me he inclinado?

Leonora (Aparte.)

    (Yo soy quien cubrir no sabe
la turbación y alegría.
Si soy yo, ¡por vida mía!,
que he de ser esquiva y grave.
    Que esta condición tenemos
las mujeres. Deseamos
que no quieran y mostramos
disgusto si lo sabemos.)
    Dime quién es.

Bernardo

                La que espanta
con envidia las más bellas,
el Sol de quien son estrellas
las otras damas, la Infanta.

Leonora

    Como vuela el deseo
a quien su bien imagina,

adversa estrella os inclina
a imposibles.

Bernardo   Ya lo veo.

Leonora   Temor es que no merece
respuesta.

Bernardo   Ni la pretende.

Leonora   Es ofensa.

Bernardo   ¿A quién ofende
ser amado?

Leonora   Al que aborrece.

Bernardo   ¿Cómo? ¿Qué ocasión le he dado?

Leonora   Como mal le has parecido.

Bernardo   Quiero ser aborrecido
de ella más que de otra amado.

Leonora   ¿No es consuelo del amante
saber que entendido vive?

Bernardo   Sí.

Leonora   Pues un papel escribe.

Bernardo   ¿Para quién?

Leonora   Para Violante.

Bernardo	¿Y es cierto?
Leonora	Se lo daré.
Bernardo	¿Qué dirá?
Leonora	Que no le ofenda tu amor.
Bernardo	¿Qué importa?
Leonora	Que entienda tu inclinación.
Bernardo	No osaré.
Leonora	Bien puedes. La escribanía dejó el Secretario aquí.
Bernardo (Aparte.)	(Si corre, Fortuna, así, mataráme el alegría. Ven próspera poco a poco, que un gusto no pretendido sin ocasión ha venido. Tornar suele a un hombre loco.)

(Escribe.)

Leonora (Aparte.)	(Con industria se han domado reinos que libres se vieron, remos el agua rompieron, hombres el aire han volado, muchas aves han hablado,

frenos se han puesto a la fiera,
prisión al ave ligera
y silencio a la mujer;
y con la industria he de hacer
que don Bernardo me quiera.)

Bernardo   Ya escribí; mas no querría.

Leonora   ¿Qué temes?

Bernardo   El darla enojos.

Leonora   No darás.

Bernardo   Ponga en mis ojos
esos pies vueseñoría.
   Tan obligado le estoy
que no le sabré pagar.

Leonora   Ella viene.

Bernardo   Doy lugar.

Leonora   Ven después.

Bernardo   Tu esclavo soy.

(Vase don Bernardo y sale la Infanta.)

Violante   Dime qué ha sucedido.

Leonora   Una grande novedad.
Necio y desdichado ha sido;
que puso su voluntad

donde será aborrecido.
       Dice que soy la que adora,
que este nombre de Leonora
es león que le ha vencido,
que a Zaragoza ha venido
por mí, que se abrasa y llora.
       Sus ternezas me han dejado
enfadada.

Violante   A mí envidiosa.

Leonora   Aqueste papel me ha dado.

Violante   Digo que no soy hermosa
pues a mí no se ha inclinado.

(Dale Leonora el papel a Violante.)

                        ¿Qué dice en él?

Leonora   No le vi,
y como le recibí
sin gusto, jamás le viera.

Violante   ¡Oh, qué alegre le leyera
si me escribiera a mí!

(Léelo.)   «Tu belleza encarecida
que a guerra de amor me llama
contemplé, y hallé la fama
de la verdad excedida.
Si una alma dejé ofrecida
al altar de tu afición,
tres diera, a ser Gerión,

que en templo de tanta fe
pequeña víctima fue
un alma y un corazón.»

Préstame tú, mi Leonor,
tu donaire, tu hermosura,
tu buen talle, tu color
o préstame tu ventura
para que me tenga amor.
Cortesano y comedido
es, Leonora, este papel
que con envidia he leído.
Reliquias hiciera de él
si para mí hubiera sido.

| Leonora | No des a tu amor licencia; |
| | tu libertad libre manda. |

Violante	El rayo con su violencia
	no hiere la cosa blanda
	que no tiene resistencia.
	Si resisto con valor
	el rayo, amor en mí lidia
	y por mostrar más vigor
	tocado en hierba de envidia
	me tira su flecha Amor.

| Leonora | ¿Luego ya tu inclinación |
| | ha parado en afición? |

| Violante | Sí, pero afición decente. |

| Leonora | ¿Pues, cómo tan de repente? |

Violante	Por esa misma razón.
	¿Nunca viste en días serenos,
	en el octubre o en el mayo,
	los aires de nubes llenos?
	¿De repente viste un rayo
	[matar antes de dar truenos]?
	Rayo es amor y en un día
	suele matar.
Leonora	No imagines
	que está libre el alma mía.
Violante	Manda que abran los jardines,
	que tengo melancolía.

(Sale don Bernardo.)

Bernardo (Aparte.)	(Ya me hallo arrepentido
	del papel, que aunque da aliento
	la Fortuna al atrevido,
	hay algún atrevimiento
	que es necio y descomedido.
	¡Oh, si nunca lo escribiera!
	¡Oh, mal haya mi osadía!
	Sola está aquí. Si me viera
	cuánto enojo mostraría.
	Voyme.)

(Hace que se va don Bernardo.)

Violante	Don Bernardo, espera.
Bernardo (Aparte.)	(Con poco enojo me llama,
	quizá no le ha recibido.

¡Oh, cómo teme quien ama!)

Violante   Un papel tuyo he leído.

Bernardo   Forzóme a darle una dama.

Violante   Parece que te has turbado.

Bernardo   Un vivo objeto extremado
                  suele turbar el sentido,
                  ¿cuáles ojos han podido
                  resistir al Sol dorado?
                       La oriental especiería
                  al olfato agudo altera;
                  la noche cándida y fría
                  al vivo trato modera
                  la miel que la Iberia cría.
                       Estraga el gusto, el oído
                  ensordece la corriente
                  del Nilo, siempre crecido;
                  cualquiera objeto excelente
                  turba y divierte el sentido.
                       ¿Qué mucho que tu hermosura,
                  vivo objeto de mis ojos,
                  turbe una humilde criatura?
                  Témplale Amor los enojos,
                  perdonará mi locura.

Violante   ¿Quién te ha animado y movido
                  a escribir este papel?

Bernardo   Amor y Leonora han sido
                  la causa, y yo muestro en él
                  la inclinación que he tenido.

Violante	¿Cómo dices tu pasión a mujer que te aborrece?
Bernardo	Es fuerza de inclinación; que no siempre amor merece esperanza o galardón. Atento a las damas vi de palacio, y me incliné. Al principio resistí, venció Amor, tuve más fe y ese papel escribí.
Violante (Aparte.)	(¡Ah, venturosa Leonora!) Considera, que es razón que pongas, Bernardo, agora en otra tu inclinación.
Bernardo	¿Cómo es posible, señora? Cuando la elección nos rige, tiene lugar la razón que una deja y otra elige; pero nuestra inclinación tarde o nunca se corrige.
Violante	Árbol de tiernas raíces se endereza a cualquier parte. Sobre las tiernas cervices pone los yugos el arte. Si están frescos los matices, fácilmente una pintura se borra. La enfermedad vil al principio se cura. Tierna está tu voluntad,

ponerla en otra procura.
　Quiere amor correspondencia,
y pues que tú no la esperas,
falta será de prudencia
que en otra parte no quieras.
Da a tu inclinación licencia.
　No la enfrene el respeto
que te puede dar amor.
Tu humildad o tu temor
elige el mejor sujeto.

Bernardo　　　　　Yo elijo como discreto.

Violante　　　　　Otra vez decirte quiero
que elijas otra aunque sea
mejor.

Bernardo　　　　　¿Cuándo dio el febrero
verde y rosada librea
al almendro placentero?
　¿Cuándo mayo nos descubre
alfombras de varias flores
que rompe y desteje octubre,
aromáticos olores
el árabe fénix cubre?
　¿Cuándo el Sol que borda el raso
del cielo resplandeciente
en la sombra del ocaso
ven la Luna del oriente
movió el encendido paso,
　que tengan más hermosura,
más valor y luz más pura,
y efecto más celestial
que la causa de mi mal

y el dueño de mi locura?

Violante (Aparte.)   ¡Basta! (Que estima a Leonor
                       más que a mí. Bien me ha entendido;
                       mas le tiene mucho amor.)
                       ¡Necio, ingrato y no advertido!
                       Luz, hermosura y valor
                          puso el cielo en otras damas,
                       y pues te aborrece y amas,
                       toma tu loco papel;
                       que no hace caso de él
                       la que Sol y cielo llamas.

(Rásgale.)

Bernardo   Señora, espera, perdona
                       este necio atrevimiento.
                       Si Tu Alteza se apasiona,
                       muerto soy.

Violante   ¡Lástima siento
                       que no soy tigre o leona!

Bernardo   Perdona, si me atreví;
                       que por darte gusto a ti
                       a otra mujer querré bien.
                       Dime a quién.

Violante   ¿Qué diga a quién?
                       ¿Agora estamos ahí?
                          A nobles atrevimientos
                       de Fortuna sus favores,
                       no desmayen tus intentos,
                       los edificios mayores

hieren los rayos violentos.
    Al monte más empinado
su nido el águila pone,
amor de fuego es criado
y águila que al Sol se opone
busque lo más encumbrado.

Bernardo
    Rayo y águila fue el mío,
y así hieres, bien es nombres,
dama a quién.

Violante
                    ¡Qué desvarío!
¡Qué necios que son los hombres!
De su ignorancia me río.

Bernardo
    Y a mí tu rigor me espanta.

Violante
Los pensamientos levanta,
sirve, festeja, pasea
en el terrero, aunque sea...

Bernardo
¿A quién, señora?

Violante
                    A la Infanta.

Bernardo
    ¿A cuál?

Violante
(Aparte.)
            ¿Qué otra Infanta ha habido?
(O éste es muy necio, o está
de industria desentendido.)
Leonora te lo dirá.
Díselo, que no he podido.

(Vase la Infanta Violante y sale Leonora.)

Bernardo	Dime ya, Leonora, ¿a quién quiere con rigor que espanta que yo sirva y quiera bien?
Leonora	A mí.
Bernardo	Pues, ¿dejo a la Infanta?
Leonora	Así me llaman también.
Bernardo	¿Cómo la Infanta te llamas?
Leonora	Como tenemos las damas nombres cuando nos burlamos, y con ellos nos quedamos en las veras. Al fin amas a quien por otro se muere, y te ha mostrado aspereza y así olvidarse requiere.
Bernardo	¿Qué; a hombre quiere bien Su Alteza?
Leonora	Si no miento, que a él le quiere. ....[..ece]
Bernardo	Y más............[..é] vueseñoría merece.
(Aparte.)	(¡Paciencia, Amor, pues que sé que la Infanta me aborrece!)

(Vanse. Salen don Lope y Lázaro.)

Lope	Pues, Lázaro.

Lázaro	El mendigo decir puedes y aun lo serás también, según los tiempos. Mira tu memorial.
Lope	¿Quién te lo ha dado?
Lázaro	Roberto, que arrimándose a buen árbol del Rey ya reconozco. Todo el mundo manda ya.
Lope	Necio, hallólo en esta sala mi sobrada desdicha. El Rey, sin duda, lo arrojó; que merced no quiere hacerme.

(Rómpelo y sale don Bernardo.)

Bernardo	¡Oh, don Lope, mitad del alma mía! Partir me manda el Rey agora.
Lope	¿Dónde?
Bernardo	Con la gente que vino del socorro de Navarra. Mi próspera fortuna me trujo en ocasión que el reino tiene de quien fiarse con aquestos bandos que ha habido en Aragón. Me dio esta empresa y me pienso esforzar a conseguirla.
Lope	Los pasos, don Bernardo, seguir quiero de tu fortuna próspera.
Bernardo	No llames próspero a un hombre que a la Infanta adora

y es de ella aborrecido.

Lope
                              Mi desdicha
a amarla me inclinó; mira, Bernardo,
¿qué premio, qué valor tendrá en su vida
el hombre más infeliz de este suelo?

Bernardo   Si vencedores a Aragón tornamos,
Fortuna ayudará.

Lope   ¡Ánimo, vamos!

Fin de la primera jornada

Jornada segunda

(Salen el Rey, el conde de Ribagorza y el Secretario, de noche.)

Conde   Señor, ¿tan de mañana levantado?
                 ¿Qué novedad es ésta?

Rey   Conde, amigo,
                 la novedad está en que quiero agora
                 acostarme.

Conde   ¿Pues, señor, no ha dormido
                 bien Vuestra Majestad aquesta noche?

Rey   Pasé jugando la mitad; rogando
                 lo restante pasé.

Conde   Ruegos reales,
                 ¿a quién no vencerán?

Rey   Al áspid sordo
                 que al encantado amor tapa el oído.
                 En vano desvelé los ojos tristes
                 que miran, por su mal, montes de nieve
                 en el ingrato pecho de Leonora.
                 Roguéle que esta noche regalase
                 con sus razones dulces mis oídos
                 desde alguna ventana. Respondióme
                 que no; pero engañada mi esperanza,
                 rondé el terreno hasta el alba rubia
                 y vencido de amor, de sueño y rabia
                 vengo a acostarme.

Conde   A un punto el claro día

	y don Bernardo de Cabrera viene.
Rey	Venga en buen hora el vencedor dichoso.

(Salen don Bernardo, don Lope, don Ramón, Tiburcio y Lázaro.)

Lope	Favorece mi causa, don Bernardo, para que venza mi fatal desdicha.
Bernardo	Al Rey le contaré tus grandes hechos.
Rey	¿No ha entrado?
Bernardo	Sí, señor, y tus pies besa.
Rey	Levanta, y por mis brazos trueca el suelo. Como mi amigo y no como vasallo quiero abrazarte. Amor grande es el mío y apenas a tus méritos se iguala.
Bernardo	Yo soy tu hechura.
Rey	Amparo, di, del reino de Aragón. ¿Un mensaje propio enviaste dándome cuenta del feliz suceso?
Bernardo	No, vengo a referírtelo del todo.
Rey	Holgaré de saberlo.
Bernardo	Escucha el modo: Rey dichoso y no vencido, a quien señor absoluto hagan los cielos dichosos

de las tres partes del mundo,
después que con tus navíos
cubrí el mar, que fue el sepulcro
de codiciosos tratantes
y de soldados robustos,
selva seca parecía,
una ciudad de Neptuno,
la armada que dar al viento
las alas del lienzo supo.
Favorable nos fue el tiempo
porque a un magnánimo Augusto
como tú, el viento y el mar
paz le han de dar en tributo.
Llegué a Cerdeña en dos días
y del alto mar profundo
saqué a tierra a tus soldados,
valerosos por ser tuyos.
Fue mucha la brevedad,
nuestro recato fue mucho,
y al desembarcar la gente
no temí peligro alguno.
En los sardos rebelados
la confusión y el descuido
hizo que avisasen tarde
las atalayas con humo.
Y antes que con sus caballos
bordase el planeta rubio
los montes sardos, tu gente
vio los rebelados muros.
Sin gente estaban los campos
y aunque solos, no seguros,
que receloso el contrario
se previno, como astuto.
Arboles atravesados

en todo el camino puso,
y en otras partes del campo
clavos secretos y agudos.
Ya fue invención de los persas
contra el valeroso turbo
para mancar los caballos;
mas yo penetré el discurso.
Pero saliendo del monte
vimos un arroyo turbio,
señal que gente rompía
su cristal cándido y puro.
Ofrecióse a nuestros ojos;
que a este tiempo cada uno
quisiera tener los de Argos,
sin la vara de Mercurio,
un muy lucido escuadrón,
y recibieron más gusto
tus gallardos españoles,
viéndose ya en este punto;
que el labrador codicioso
cuando en el ardiente julio
derriba doradas mieses
haciendo montes del fruto,
más que el próvido piloto,
después que por varios rumbos
las verdinegras entrañas
del mar penetró con surcos
y besa la amada tierra
alegre.

Rey (Aparte.)   (Apenas escucho
a don Bernardo, aunque al sueño
los tiernos párpados hurto.
Como es el sueño invencible,

durmiéndome estoy, y gusto
de escucharle.)

Bernardo   Al fin, señor,
cuando embestir se propuso,
tantas flechas nos tiraron
que al aire hicieron oscuro,
y con ellas parecían
aljabas nuestros escudos.
Los andaluces caballos,
con la inclinación y el uso,
partieron como los rayos
de los nublados confusos.
Trabóse la cruel batalla;
pero el general injusto
de esta nación rebelada,
dio muerte a un soldado tuyo.
Mas salió abriendo dos puertas
a la muerte este Licurgo,
que en nuestros tiempos merece
estatuas de bronce duro.
(Duérmese el Rey.) Cartago calle a Aníbal,
Roma a su abrasado Mucio,
solo a don Lope de Luna
guarden los tiempos caducos.
El en aquesta batalla,
como un Aquiles anduvo,
que Alejandros le envidiaran
si tuviera Homero algunos.
Desbaratados los sardos,
y ya el novelero vulgo,
teniendo el pálido miedo,
los pechos casi difuntos,
sin miedo se retiraron;

mas don Lope, que dar pudo
honra y gloria a nuestro siglo
y admiración al futuro,
usó de una estratagema
digna de su ingenio agudo:
imitando al otro griego
que a Roma en desdicha puso.
Hirióse el rostro y el pecho
y apretó a un caballo rucio
las piernas, diciendo a voces:
«De los españoles huyo.
Abridme, sardos famosos,
vuestras puertas, pues os busco
la libertad y la vida,
pues la conservan los brutos.»
Abrieron, entró y a todos
a crédito los redujo,
y otro día salió al campo
desafiando los tuyos.
Dos a dos y tres a tres
cautivos llevaba, y juntos
éstos después nos abrieron
una puerta por el muro.
Entró el ejército entonces
y, gozando de este triunfo,
rindió don Lope a Cerdeña
y tu católico yugo,
apellidando tu nombre
que del Ebro hasta el Danubio
has tenido la victoria.
Fue nuestra...

(Despierta el Rey.)

Rey *(Aparte.)*	(De su discurso he perdido gran pedazo, que mi sentido sepulto en grave y profundo sueño. Por Cabrera disimulo; que se correrá si entiende que de todo el fin no escucho.)
Bernardo	...el reino, como primero con más carga de tributos. A don Ramón de Moncada debes gran parte del fruto de esta guerra, porque en ella se mostró...
Rey	Diez mil escudos de renta le doy al año y un hábito.
Bernardo	Don Tiburcio, valeroso catalán, apenas tuvo segundo.
Rey	De mi cámara será.
Bernardo	Su valor mostró don Nuño de Bolea.
Rey	Una baronía le doy y uno de mis juros. Y vos, gallardo Scipión, francés Carlo, inglés astuto Conde de Módica sois.

Bernardo	Tú, Alejandro sin segundo.
Rey	Y Almirante de la mar.
Bernardo	Eres un César Augusto.
Rey	Y vos sois Conde de Vas.
Bernardo	Hormiga soy que descubro tu valor.
Rey	Y sois mi amigo.
Conde	Todo en don Bernardo es justo.

(Vanse el Rey, el Conde y don Bernardo.)

Ramiro	¡Vivas, oh Rey poderoso, más que Nestor, que Saturno, que la Sibila Cumea, que el Fénix rosado y rubio!
Tiburcio	¡Alcances, Rey, más victorias que César, Dentador Curio, que Filipo, que Alejandro, Pompeyo, Camilo, Furio!

(Vanse Ramiro y Tiburcio.)

Nuño	¡Goces de reinos más anchos que el persa Sofí, que el turco, que el grande Imperio Romano! ¡Falten a tu dicha mundos!

(Vase Nuño.)

Lope   ¡Vivas más que todos esos
y corónente en más triunfos,
dilátese más tu imperio
que yo mis desdichas sufro!
¿Qué desdicha natural,
qué celestiales influjos
a mis méritos se oponen?
¡Ah, don Pedro, Rey injusto!
Si eres liberal con todos,
más que Alejandro y Augusto,
¿por qué conmigo avariento
más que Tiberio y Postumo?
¿No son mis acciones justas
de premiarme? ¿En qué te injurio?
¡Piadoso cielo, no lluevan
desdichas sobre mí!

Lázaro   ¡Juro...
Pero no quiero jurar.
¡Ah, gentilhombre!, pregunto,
¿es cristiano el Rey? ¿Es hombre?

Secretario   No, sino moro y de bulto.

(Vase el Secretario.)

Lázaro   ¡Vive Dios!, que no es cristiano,
que es un árabe, un turco,
pues no ha honrado a mi señor
que es más valiente que Tulio
y más sabio que un Aquiles.
No le culpo, no le culpo.

La culpa tiene aqueste hombre
más ingrato que un trabuco;
que le ha ganado a Cerdeña
con el favor de estos puños.
¡Si fuera que él no sirviera
a Rey tan sordo y tan mudo
aunque viviera más años
que dizque vivió San Nuflo!
Pasémonos a los moros,
tornémonos dos malucos.
O tomemos dos oficios
o entremos frailes cartujos.
Tú, don Lope, serás monje;
yo seré fraile barbudo.
Descartemos este Rey
que no es de oros y es mal punto;
que dos encomiendas tiene,
que dos títulos: el uno
para mí, para ti el otro.

Lope   Colérico estás.

Lázaro   ¡Muy mucho!

(Sale don Bernardo.)

Bernardo   Señor don Lope de Luna,
pluguiera al eterno Dios,
y esto sin lisonja alguna,
que trocara con los dos
hoy la mano la Fortuna.
    Diéraos a vos el estado
de que hoy tomo posesión,
porque a mí, aunque bien me ha dado,

no me dio con pensión
de veros desconsolado.

Lope   Mil años vueseñoría
los cargos prósperos tenga
que su ventura le envía
y adversa noche no venga
tras de este felice día.
    La mano con que Almirante
le hizo el Rey liberal,
sacras urnas le levante
de nácar y de coral
en columnas de diamante.
    Y estando tranquila y surta
contrarias naves trastorne,
y coronada de murta
triunfando de Africa torne
como Mario de Yugurta.
    El Mar Tirreno importuno
con sus húmedas alcobas,
no deje tesoro alguno
y corónense sus ovas
como al cristiano Neptuno.
    De seis siglos, y aun de diez,
le haga el tiempo jüez
con florida edad, que alegra,
y nunca en su barba negra
nieva copos la vejez.
    Goce de amor sin segundo
con mujer ilustre y bella,
y de vientre tan fecundo
que nazcan Césares de ella,
conquistadores del mundo.
    Amele el Rey de Aragón

sin causar emulación
a enemigos poderosos,
de su privanza despojos,
que ésta es mayor bendición.
    Y, al fin, entre sueño y risa
venga tras tiempo infinito
la muerte, y traigan aprisa
las pirámides de Egipto
y el túmulo de Artemisa.
    En sus pompas funerales
cuelguen despojos deshechos
en mil batallas navales,
epitafios que sus hechos
hagan el mundo inmortales.
    Que yo, pobre y desdichado,
en mi aldea retirado,
tendré perpetua alegría
mirando a vueseñoría
en tal pompa levantado.

Bernardo   Pródiga Naturaleza
dio los pies al pavón rico
con su pintada belleza,
y al águila el corvo pico
con la veloz fortaleza.
    Dio la cuartana al león
con su altivo corazón,
y así en orden lo ha dispuesto
porque humillasen con esto
su soberbia presunción.
    Que esto propio me suceda
quiera en mi fortuna Dios;
porque alabarme no pueda
y así en miraros a vos

deshago mi ufana rueda.
   Nuestra iglesia verdadera
ceniza nos suele dar
porque el hombre considera
que en ceniza ha de parar;
que es su materia prima.
   Esto hace la Fortuna,
que en no daros dicha alguna,
me dice: «Aunque el bien te sobre,
acuérdate que eres pobre,
mira a don Lope de Luna».

(Sale el Conde.)

Conde   Almirante, ¿qué hacéis?

Bernardo   Al ánimo más leal
                 doy consuelo.

Conde   Vos tenéis,
                 don Lope, desdicha igual
                 al premio que merecéis.
                    Contando vuestras hazañas,
                 don Bernardo de Cabrera,
                 no sé qué duras entrañas
                 de bronce o de tigre fiera
                 nacida en libias montañas,
                    se dejara de apiadar.

Lope   Háceme vueseñoría
                 gran merced.

Conde   Vamos a hablar
                 al Rey, que humana porfía

las peñas suele ablandar.
  Entremos los dos adonde
esta merced le pidamos
o sabremos qué responde.

Bernardo   Sabio es el acuerdo, vamos.

Lope   Seré vuestra hechura, Conde.
              Hízome Naturaleza
            noble, el cielo con valor;
            mas si hoy mi ventura empieza,
            diré que vence el favor
            a la virtud y nobleza.

(Vanse y sale el Secretario con recado para escribir.)

Secretario   Dame, Amor, atrevimiento,
            ánimo a mi confianza,
            si en lo difícil se alcanza
            honra de solo el intento.
              Aunque el Rey ama a Leonora
            y yo le soy su tercero,
            probar mi ventura quiero
            pues que mi pecho la adora.
              ¿Cuántos que a la mesa están,
            quizá apetito les guía,
            dejan por la vaca fría
            el regalado faisán?
              ¿Cuántos en verde jardín,
            valle ameno o fresca selva
            por silvestre madreselva
            dejan el verde jazmín?
              ¿Qué mucho, si el alhelí
            tal vez al clavel prefiere,

que mujer que al Rey no quiere
me venga a querer a mí?
　Yo la escribo, que es mi dueño,
venza al temor la osadía.

(Sale el Rey y mírale por detrás.)

Rey　　　　　　　Que mal se duerme de día.
　　　　　　　　La noche es madre del sueño.

(Escribiendo el Secretario.)

Secretario　　　　　«Licencia, Leonora bella...»

Rey　　　　　　　Este escribe aquí un papel.
　　　　　　　　Quiero ver qué escribe en él.

Secretario　　　　　«...para amarte, que aun sin ella...»

Rey　　　　　　　　¡Leonora dice!

Secretario　　　　　　　«...la boca...»

Rey　　　　　　　¡Falsedad recelo!

Secretario　　　　　　　«...en llanto...»

Rey　　　　　　　¿Si la quiere aquéste?

Secretario　　　　　　　　«...tanto...»

Rey　　　　　　　Veré lo que escribe.

Secretario　　　　　　　　«...loca...»

Rey   ¿Qué has escrito?

Secretario   ¡Señor! Nada.
                             Solo probaba la pluma.

Rey   ¿Qué quieres? ¿Qué no presuma
                             de una persona turbada?

(Quítale el Rey el papel y léelo.)

                                 «Nunca imaginé pedirte
                             licencia, Leonora bella,
                             para amarte, que aun sin ella
                             mis penas pienso decirte.
                             Pedíla para escribirte,
                             que el mucho amor me provoca
                             a que en voz diga la boca
                             lo que el alma ha dicho al llanto,
                             porque amar y callar tanto
                             es una paciencia loca.»

Rey   ¿Débese aqueste respeto
                             a la persona real?
                             ¡Por cierto en pecho leal
                             he guardado mi secreto!
                                 Pues tú escribes a Leonora
                             tu necia y loca pasión,
                             ¿no es especie de traición
                             viendo que tu Rey la adora?
                                 A secretario muy justo
                             fiaré secretos de honor,
                             si ya te hallo traidor,
                             en las cosas de mi gusto.

¡Hola!

Tiburcio   ¿Señor?

Rey   Dos soldados
de mi guarda haced que vengan.
Yo haré que remedio tengan
tus amorosos cuidados.

Secretario   Suplícote me perdones.

Rey   Veré si Amor te socorre.
Llevad aquése a una torre.
Ponedle en graves prisiones.

(Salen don soldados y llévanle.)

Secretario   ¡Señor, señor!

Rey   ¡Más me ofendo!

Secretario   ¡Ah, desdichado papel!

Rey   No pretendo ser crüel,
ser justiciero pretendo.
    Entre el rigor y piedad
es un medio la justicia,
azote de la malicia
y amparo de la verdad.
    Cuando livianos errores
de ministros con paciencia
sufre el Rey, les da licencia
de hacer cosas mayores.

(Salen don Bernardo y el Conde.)

Rey
A rogar por él se llegan
el Conde y el Almirante.
¡Sin duda! Que en el semblante
les conoce que me ruegan.
Conde, Almirante.

Bernardo
Señor,
solo queremos piedad
de tu sacra majestad,
no justiciero rigor.
Los dos hacemos oficio
de padrinos a un vasallo
que otro en tus reinos no hallo
de más honrado servicio,
y así si los dos valemos
con tu majestad real,
que hoy se muestre liberal
en una merced, queremos.

Rey (Aparte.)
(Bien sospeché que venían
a que perdone su exceso.
¡Apenas le llevan preso
y ya padrinos me envía!)
Bien sé por quién me pedís,
bien sé lo que pretendéis,
si mi enojo no sabéis,
con ignorancia venís.
No me pidáis por tal hombre,
no me templéis el rigor,
porque perderéis mi amor
solo en referir su nombre.
Ya sé lo que me ha servido

él, y todos sus pasados,
mas son servicios borrados
una vez que me ha ofendido.

Conde

Quizá es mala relación
que han hecho a tu majestad.

Rey

El sabe cómo es verdad
y que yo tengo razón.
  Él mismo sabe que vi
su delito a mi pesar.

Bernardo

¿No es digno de perdonar?

Rey

Es imposible.

Bernardo (Aparte.)

(¡Ay de ti!
  Amigo del alma mía,
según eres desdichado,
al Rey tienes enojado
ignorantemente.)

Rey

Fía,
  don Bernardo, del amor
que te he cobrado, que hiciera
eso, si justicia fuera,
pero casi fue traidor
  ese hombre a mi grandeza;
si me ha servido hasta aquí,
ya me ha ofendido, y por ti
no le corto la cabeza.
  Pide otras cosas, Cabrera,
y de mi amor se despida
cualquiera que por él pida,

si su nombre me refiera.

(Vase el Rey.)

Conde

A nadie de aquí adelante
acreditar nos conviene.
Pésame de lo que tiene
de vuestro amigo, Almirante.

(Vase el Conde.)

Bernardo

A mí me tiene asombrado,
y de suerte me lastima
que en las venas y garganta
sangre y voz se quedan frías.
Si considero a don Lope,
hallo su culpa mentira,
y si al Rey vuelvo los ojos,
la verdad me maravilla.
¡Ay, don Lope! ¡Ay, Luna clara!,
que te oscurece y olvida
tu adversa y triste fortuna.
Pero en los cielos confía,
que entre tantas desdichas
alguna gran ventura está escondida.

(Sale don Lope.)

Lope

Don Bernardo, mi señor,
buscando a vueseñoría
vengo con grande cuidado;
en su lengua está mi vida.
Dígame si ha visto al Rey.
Lo que responde me diga.

¿Cómo calla? ¿Cómo niega
sus palabras a las mías?
Mas ya le entiendo, callando
su muda melancolía
de parlera lengua sirve,
que mis desgracias publica.
Dime lo que pasó, amigo,
valor tengo que resista
este golpe riguroso
que la Fortuna me envía.

Bernardo   Don Lope, ¿en qué has ofendido
al Rey?

Lope   ¿Yo? ¿Al Rey? No me admira
que eso de mí se presuma,
sino que tú me lo digas.
¿Al Rey yo? ¿Cuándo se atreve
al león una hormiga?
¿Cuándo se vio débil caña
que a los ábregos resista?
¿Cuándo con el mar profundo
compitió la fuentecilla
que sin rumor, entre juncias,
llora perlas fugitivas?
Lo mismo es decir que al Rey
ofendo yo. ¿Qué alcaidía,
qué gobierno, qué papeles,
o qué varas de justicia
tengo en que pueda ofenderle?
Don Bernardo, advierte, mira
el peligro a que te pones
si con Rey del siglo privas.
Dionisio puso a un truhán

que quiso ser Rey un día,
una espada de un cabello
y una espléndida comida;
apenas el miserable
bocado bueno comía
con el temor no cayese
la espada que estaba encima.
Aquello mismo sucede
a los hombres que confían
en las gracias de los reyes;
que es frágil y antojadiza.
Gustosa es la privanza,
mesa es espléndida y rica;
pero cuelga de un cabello,
un testimonio, una envidia.
Toma ejemplo en mi desgracia
que sin pender de mi cinta
de su cámara la llave
ni haberle visto dos días...

Bernardo   Amigo, tu discreción
a no encubrirte me obliga
lo que pasa. Al Rey propuse
tu causa, que es propia mía,
y a las primeras palabras
me dijo: «Más no me digas
que merced haga a tal hombre.
Ya he sabido que él te envía.
Quien su nombre me refiera
de mi gracia se despida».
Repliquéle, y replicando
más su cólera crecía.
Fuése y dejóme suspenso,
porque el alma me lastima

tu desgracia y tus sucesos;
pero en los cielos confía
que en tan grandes desdichas
alguna gran ventura está escondida.
Don Lope, tuya es mi hacienda,
yo soy quien te la administra.
Haz cuenta, que tuya es
Módica, la de Sicilia;
tuyo es cuanto el Rey me diere,
de mis honras participa,
que puede ser que me pagues
estas obras algún día;
porque los bienes del mundo
ya se dan y ya se quitan,
como los tantos del juego;
que es juego la humana vida.

(Vase don Bernardo.)

Lope ¡Ah, gallardo catalán!,
que subiendo vas arriba,
nunca descender te vean
ojos que subir te miran.
Buen vasallo eres del Rey,
no habrá quien mejor le sirva;
y así como eres tan bueno
sospecho que profetizas.
Que en tan grandes desdichas
alguna gran ventura está escondida.

(Sale al balcón Dorotea.)

Dorotea Quien trueca el tiempo en plata,
el oro de mi cabello,

arruga el marfil del cuello,
vuelve en gualda la escarlata
de mis mejillas y trata
de robarme su color,
cuando esperaba el rigor
de las flechas de la muerte,
hase trocado la suerte
y me hiere en la de amor.
   A don Lope en Huesca vi,
antes de ser camarera
de la Infanta, y que le quiera
manda Amor, que es Rey en mí;
mas él viene por allí.
Yo le amo, mas no amará
que ha pasado mi abril ya
y no hay discreto que
dé valor a dama que fue
ni a caballo que será.
   Borró el tiempo mi hermosura.
¿Qué valor tendrá mi habla,
sino el que tiene una tabla
donde ha habido una pintura.
Yo hablo; mas es locura,
Suplan embustes extraños
el estrago que los años
hacen, y el tiempo crüel.
Yo le arrojo este papel.
Esfuerza, Amor, mis engaños.

(Arrójalo Dorotea y se va.)

Lope   Contra tu deidad, Fortuna,
                       ¿cuándo cometí delito?
                       ¿Quién echó aquéste? ¿Ninguna

80

persona hay El sobrescrito
dice: «A don Lope de Luna».
   ¿Cartas me arrojan los cielos?
¿O favores el balcón?
Ya temo y tengo recelos;
que cartas, sin duda, son
o sátiras o libelos.

(Léelo.)   «Don Lope, en Lérida os vi
cuando estuvo el Rey, mi hermano,
en ella, y amor tirano,
mirándoos, triunfó de mí.
Y agora que os hallo aquí
he sentido el mismo efeto.
Entrad al parque secreto
esta noche y me hablaréis
solo, como noble iréis,
y a tiempo como discreto.»

   Amor, Amor, no me asombres;
mas si han querido afirmar
mil sabios de eternos nombres
que es imposible probar
que están despiertos los hombres.
   Según aquesta opinión,
éste es sueño o ilusión;
que mi loca fantasía
las imágenes del día
hace sutil reflexión.
   Pero no, despierto estoy,
palacio es éste, o aquél
es el cielo. Al Rey vi hoy.
La Infanta dice el papel,
y aquí «A don Lope». Yo soy.

Sí, porque en Lérida estuve
cuando el Rey, nuestro señor,
como el Sol rompe la nube,
mis desdichas vence amor
y a las estrellas me sube.
    ¡Ay, cielo! ¡Ay, Fortuna santa!
¿Por qué me quejo de ti
esperando dicha tanta?
¿Si me engañé? Sí, leí
bien esta firma: «La Infanta».

(Vase y salen don Bernardo y Leonora.)

Leonora   Después que del Rey estás,
con justa razón, honrado,
con la mudanza de estado
la inclinación mudarás.

Bernardo   Antes si el Rey me levanta,
y honrarme tanto ha querido
podré ser más atrevido
en inclinarme a la Infanta.

Leonora   ¿No es más justo festejar,
pues la Infanta no te ama,
en su palacio a otra dama
con quien te puedas casar?
        ¿No ves que es amor perdido?

Bernardo   ¿Por qué razones?

Leonora   Por tres:
por ser la Infanta quien es,
porque estás aborrecido,

	y porque su inclinación puesta en un Príncipe tiene.
Bernardo	Servirla no me conviene por esa última razón. Siendo esto cierto, señora, licencia pienso pedirte.
Leonora	¿Para qué?
Bernardo	Para servirte.
Leonora (Aparte.)	(Es fuerza este engaño agora.) Esta noche la verás en el parque hablar con él.
Bernardo	Un desengaño crüel pero ninguno jamás lo aborrece deseado. Temo el verla.
Leonora	Sí, mas sea de modo que no te vea.
Bernardo	Yo estaré bien recatado.
Leonora (Aparte.)	(Mentira ha sido muy grave; mas porque el Conde me quiera hurtaré a la camarera del caracol una llave. Dame, Amor, atrevimiento.)

(Vase Leonora.)

Bernardo	Si mi enemigo es Amor,
	¿de qué me sirve el favor
	que hoy en la Fortuna siento?
	Conde, Vizconde, Almirante
	y de la cámara soy;
	mas, ¿qué importa? Pobre estoy
	si me aborrece Violante.
	Dichoso y rico es aquél
	que la sirve.

(Sale la Infanta.)

Violante (Aparte.)	(Don Bernardo
	está aquí solo. ¿Qué aguardo
	a declararme con él?
	Que me sirva he pretendido;
	pero el tener voluntad
	a Leonora o su humildad
	hace que no haya entendido.
	Agora le he de pedir
	que aquesta noche me vea.)

Bernardo	La gloria y bien que desea
	sale el alma a recibir.
	¿Quién vio beldad semejante?

Violante	Ya habrá hecho, y con razón,
	mudanza en tu inclinación
	el título de Almirante.
	¿Quién duda ya, don Bernardo,
	que en la materia de amar
	querrás ya galantear
	con ánimo más gallardo?
	Eres Almirante y Conde,

y así querrás ser querido;
porque el ser aborrecido
a quien eres no responde.

Bernardo   Si el cielo y no el alma muda
el que pase de otra parte
del mar, dejaré de amarte;
porque mis cosas no ayuda
    la Fortuna.

Violante   Pues, ¿cuándo
me has amado?

Bernardo   Antes dirás.
¿Cuándo he dejado jamás,
señora, de estarte amando?
    Y aun agora, con saber
que hay en tu alteza afición,
me obliga esta inclinación
a que tuya venga a ser.

Violante   ¿No he dicho que quiero bien
otras veces?

Bernardo   Ya sabía
que tu alteza bien quería,
pero no he sabido a quién.

Violante (Aparte.)   (Aquí el alma se declara;
pero a turbarme comienza
la sangre, de la vergüenza
que me ha turbado la cara.)
    Basta, que me ha entendido.
Entrar al parque podrás

aquesta noche y verás
al que afición he tenido.
    Quedarás desengañado,
y quizás haré también,
sabiendo que quieres bien
que no seas desdichado.

(Aparte.)   No dejes de ir. (Yo he de hacer
que el Rey a este hombre levante,
hasta que pueda Violante
venir a ser su mujer.)

(Vase Violante.)

Bernardo   ¿Qué es esto, tirano Amor?
¿La Infanta quiere que vea
al que la sirve y pasea?
Verdad me dijo Leonor.
    Desengañarme ha querido
con mostrarme su galán,
y así mis ojos verán
a quién envidia han tenido.
    Aquesta noche veré
al que le tiene afición,
me dijo. ¡Extraña visión
es para mí! Pero iré.

(Vase don Bernardo y sale al balcón Dorotea.)

Dorotea   Noche, cuya capa oscura
mil ladrones ha ocultado,
mi tiempo encubrir procura,
pues es ladrón que ha robado
las flechas de mi hermosura.
    Engañé a don Lope yo.

86

Él a la Infanta no habló,
y yo en la voz le parezco;
de engañarle he, pues padezco,
para ofensas grave, no.
     Tú, cielo, serás testigo,
que para esposo le quiero,
y no es mucho si consigo
que un pobre, aunque caballero,
se venga a casar conmigo.

(Sale don Lope, de noche.)

Lope   Como el que busca un tesoro
                        que va con miedo y temor
                        no le salga incierto el oro,
                        así me trae el Amor
                        a ver la Infanta que adoro.

Dorotea   ¡Ce! ¿Es don Lope?

Lope   Soy la Luna,
                        que alegre esta noche muestro
                        con los rayos que al Sol vuestro
                        hurta mi buena fortuna.

Dorotea   Mi atrevimiento recelo
                        que se tendrá por locura.

Lope   No fue sino mi ventura.

Dorotea   ¿Es grande?

Lope   Envídiala el cielo;
                        que son mis glorias extrañas

y hoy acierto para vellas
todos sus ojos de estrellas,
cuyos rayos son pestañas.

Dorotea   Don Lope, ¿sois buen amante?

Lope   Más que tórtola.

Dorotea   ¿Y prudente?

Lope   Más que la cauta serpiente.

Dorotea   ¿Modesto?

Lope   Más que elefante.

Dorotea   ¿Celoso?

Lope   Más que pavón
y palomo.

Dorotea   ¿Agradecido?

Lope   Más que el can.

Dorotea   ¿Fuerte y sufrido?

Lope   Más que el gallardo león.

Dorotea   ¿Y constante?

Lope   Mi fe admira.

Dorotea   ¿Secreto?

Lope	Sabré callar más que en las olas del mar el pece que no respira.
Dorotea	De esa suerte, el alma mía muy segura os puede amar; mas pienso disimular con vos, don Lope, de día. Ni os veré ni os hablaré; que es propio a mi honestidad.
Lope	Amando la oscuridad ave nocturna seré. Hambriento lobo de amores seré de vuestra hermosura, y saldré en la noche oscura a cazar vuestros favores.
Dorotea	Gente suena por aquí, mis damas serán, adiós.
Lope	Él vaya, Infanta, con vos.
Dorotea	¿Amaréisme?
Lope	Más que a mí. Porque en vuestro amor me abrasan esos ojos lisonjeros, ... las glorias del mundo pasan, aunque un siglo fuera instante con tal fervor.

Dorotea   Gente suena.

(Vase Dorotea.)

Lope   Almas son que traen en pena
                       las damas de mi Violante.
                            Irme quiero.

(Vase don Lope y sale don Bernardo, de noche.)

Bernardo   ¿Quién desea
                       sus celos averiguar,
                       viendo que le han de matar
                       en el punto que los vea?
                            Celos son, aunque curiosos
                       de conocer a un galán
                       de quien sé que volverán
                       mis deseos envidiosos.

(Sale Leonora, de hombre y rebozada.)

Leonora (Aparte.)   (¡A qué peligro se pone
                       el que dice una mentira!
                       ¿Cuándo inconvenientes mira
                       la mujer que se dispone
                            a una cosa, qué el temor
                       no vence con osadía?
                       Temeridad es la mía;
                       pero discúlpame Amor.
                            Don Bernardo ha de creer
                       que tiene galán Violante.
                       ¡Qué enredos hace un amante,
                       mayormente si es mujer!
                            Una llave hurté del cuarto

de la Infanta a Dorotea.)

Bernardo (Aparte.)   (¿Quién dudara que éste sea?
Aquí me escondo y aparto.)

Leonora (Aparte.)   (Gente he visto. Él es sin duda.)
¡Ce! Señora, ¿estáis ahí?
(Aparte.)   (¡Qué bien que le engaño así!
Ayúdame, noche muda!)
¡Oh, dueño de la hermosura!
¿Quién, si de noche no fuera,
sin ser águila pudiera
resistir esa luz pura?
¿Estáis, mi Infanta, muy buena?

Bernardo   («Su Infanta» le está llamando,
y a mí la envidia arrancando
el alma, de rabia llena.
Conocer quién es no puedo
con la mucha oscuridad.)

Leonora   Pena me da esa beldad.
(Aparte.)   (¡Harto mejor diré el miedo!)
Si os amo, dadme un abrazo,
y mi dicha reconozco.

Bernardo (Aparte.)   (En la voz no le conozco,
porque están hablando paso.)

Leonora   A olvido Amor me condene,
si más os causare celos.

Bernardo (Aparte.)   (Celos le ha pedido, ¡Ah, cielos!
¡Qué grande amor que le tiene!)

Leonora	¡Ay, dueño del alma mía,
	y cómo de buena gana
	saldré de verde mañana!
Bernardo (Aparte.)	(¡Oh, nunca llegues al día!
	Que saldrá, dice, de verde;
	así le conoceré.)
Leonora	Será perpetua mi fe
	si la vuestra no se pierde.
	Tarde vine; mas despacio
	os vendré otra noche a ver.

(Vase Leonora.)

Bernardo	Yo no sé quién puede ser
	de los que sirve en palacio
	al Rey; ya se fue, ya sigo
	sus pasos con más cuidado.
	Mas la tierra le ha tragado,
	o se entró por el postigo.
	Mi mal, ¡oh, noche!, pretendes.
	Tus sombras pena me dan.
	¡Válgate Dios, el galán!
	¿Eres de casta de duendes?
	¿Si es a quien envidio yo
	el Conde de Trastamara?
	Mas no, que sirve a Lisarda;
	y el de Ribagorza, no;
	que es mayor.

(Sale Violante al balcón.)

Violante	Tarde he salido. ¿Si habrá venido Cabrera? ¿Es don Bernardo?
Bernardo	Sí fuera, señora, a no haber venido esta noche oscura aquí.
Violante	¿Por qué?
Bernardo	Porque aquél que muere pierde el ser.

Violante (Aparte.)	(Decirme quiere
	que está muriendo por mí.)
	Don Bernardo, yo os llamé
	porque viésedes hablar
	al que pretendo guardar
	mucho amor y mucha fe.
	   Y aunque vuestro intento ignoro,
	vuestro desengaño entablo,
	y echad de ver a quién hablo
	y veréis a quién adoro.
	   Ya os dije que quiero bien
	y el amor me ha recatado
	de no haberos declarado
	hasta aqueste punto, a quién.
	   Mas ya que sé el gusto vuestro,
	si no al espejo del día,
	a sombras de noche fría
	el galán que quiero os muestro.
	   El que ha hablado conmigo
	es el hombre a quien he amado.
	Mirad vos a quién he hablado;

no digáis que no os lo digo
  bien claro. Y porque se ve
ya el día, Almirante, adiós.
Haya nuevo amor en vos
pues visteis a quien hablé.

(Vase Violante.)

Bernardo   ¡Ah, señora! ¿Fuése? Fuése
porque mi muerte desea.
¡Qué; haya querido que vea
su galán! ¡Que me dijese
  que le adora no bastó,
y que los haya escuchado
sino que me ha confesado
que adora al hombre que habló!
  Mas ya de su luz parece
que la noche huyendo fue.
Voyme. ¡Paciencia, pues sé
que la Infanta me aborrece!

(Vase don Bernardo. Salen el Rey con algunas cartas y el conde de Trastamara.)

Conde   ¿Tanto importan, señor, esas dos cartas
que has madrugado?

Rey   Recibí este pliego
anoche, y desvelado esperé el día.
Llamen a don Bernardo de Cabrera.

(Lee el Rey las cartas.)«Pues ve tu majestad las sinrazones
que usan los ginoveses en Cerdeña,
no solo en dar favor a los dos Orias

contra ti rebelados en las islas
sino tener así usurpado a Córcega.
Esfuércese a juntar copiosa armada
poniéndose con esta Señoría,
que en el mar le pondrá veinte galeras.
Acabe de una vez, pues ve que tantas
no guardan la concordia prometida.
Vale. La Señoría de Venecia.»

(Sale don Bernardo de Cabrera.)

Bernardo   ¿Manda tu majestad a don Bernardo?

Rey   ¡Oh, Conde y Almirante! Éste es el día
              en que habéis de mostrar vuestra fortuna.

Bernardo   Tu hechura he sido, soy y seré siempre.
              A tus pies pongo voluntad y vida.

Rey   La Señoría de Venecia quiere
              hacer conmigo, don Bernardo, liga
              contra Génova, que cual ya se sabe
              los rebelados de Cerdeña ampara;
              y habiéndome hecho relación de Córcega
              —la apostólica silla me la usurpa—
              da veinte galeras para esta empresa.
              Las costas de Valencia y Cataluña
              cuarenta y cinco tienen, y dos naves
              sin las seis catalanas y seis combos.
              La fuerza de Aragón con todo el resto
              estriba en esta empresa, don Bernardo,
              de tu valor y próspera fortuna,
              y si mis reinos y mi honor procuras...
              Pártete, General de mar y tierra,

brevemente.

Bernardo   Señor, dándome el cielo
el suceso conforme a mis deseos
vencedor me verás.

Rey   Yo te prometo,
a lo romano, dar grandiosos triunfos.

Bernardo   Al mar no temeré, ni al enemigo
si don Lope de Luna va conmigo.

Fin de la segunda jornada

Jornada tercera

(Salen el Rey, el conde de Ribagorza, la Infanta y acompañamiento.)

Conde   Digo que don Bernardo de Cabrera,
coronando sus sienes verde murta,
merece entrar triunfando en Zaragoza
como César triunfó y Mario en Roma;
los despojos marítimos llevando
delante de su carro verde y negro,
entapizado de ovas y corales.
Merece que cargados los cautivos
de naves destrozadas y fanales
pasen el coso y lleguen a palacio
arrastrando estandartes enemigos;
mas, señor, que en palacio se reciba
cual persona real y soberana,
merced ha sido no vista en los reinos
y temo no murmuren los estados.

Rey   Conde de Ribagorza, yo os prometo
que quiero a don Bernardo de Cabrera
de modo que mi amor igual no tiene
y al Príncipe don Juan le he preferido.
Y fuéronle los astros tan benignos
que amable le hicieron de manera
que desde el punto que le vi le estimo.
Noble sangre le dieron sus mayores;
naturaleza, partes personales;
su corazón, altivos pensamientos;
su próspera fortuna, los sucesos;
y yo riquezas, dignidades y honras.

Conde   Si el Príncipe don Juan que está en Valencia,

97

tu hijo, con la Reina mi señora,
que el cielo guarde, sucesor legítimo
del reino de Aragón viniese agora,
¿qué más honras le hicieras?

Violante   No prosigas;
que las honras que el Rey hace a Cabrera
cortas mercedes son para sus méritos,
y es bien que con los reyes prive tanto
un hombre, porque así se animen otros
a seguir la virtud y amor del Príncipe.

Rey   ¿Qué Rey, qué emperador o qué monarca
no tuvo un privado, en cuyos hombros
estuviese la máquina pesada
del cuidado común de la república?

Conde   Tu majestad me deja convencido.
Ni emulación, ni envidia me movían,
que es don Bernardo grande amigo mío.

Violante   Ya se llega a palacio.

Rey   Aquí hemos
de recibirle.

Violante   Es justo que le honremos.

(Haya músicas y salgan los que pudieren con banderas arrastrando, y don
Bernardo, armado de medio cuerpo arriba, con una corona de murta y un
bastón de general, y cuatro jurados con becas, que llevan el palio y debajo don
Bernardo, y delante don Lope, don Ramón, don Tiburcio, Roberto y Lázaro.)

Lope   ¡Ah, señor don Bernardo de Cabrera!

Bernardo	Don Lope, ¿qué mandáis?
Lope	Vueseñoría bien se acuerda de que el Rey me aborrece; le dijo que su gracia perdería si alguna vez mi nombre refiriese. Por su vida, señor, que no aventure a perder su favor cuando refiera su suceso felice de esta empresa. Calle mi nombre y mis [nuevos] servicios que estimo más que esté del Rey amado que verme a mí sin tanta desventura.
Bernardo	Pues, don Lope, ¿es razón que tales hechos al Rey no se refieren?
Lope	Calle el nombre y cuente del soldado los sucesos; que el Rey preguntará quién es. Entonces, podrá decir que yo.
Bernardo	Bien dices.
Rey	Dadme los brazos, vencedor de mar y tierra.
Bernardo	Los pies estimo y pido a vuestra alteza. la mano.
Rey	Os la daré para subiros a estado muy mayor. Mi don Bernardo, la relación de vuestra boca aguardo.

(Siéntanse el Rey y la Infanta.)

Bernardo   A diez y siete del mes
en que Virgo coronada
de espigas rubias y negras
la estéril tierra abrasaba,
hallé en el puerto Mayón
junta tu dichosa armada
de cincuenta y dos galeras
y tres naves castellanas.
Partí con próspero viento,
y las azules espaldas
del mar rompieron los remos
con paz del viento y del agua.
A veinte y dos, descubrimos
las galeras venecianas.
Eran veinte y dos, y juntas
navegamos con bonanza.
A veinte y siete de agosto
descubrimos las contrarias,
que eran cincuenta y seis naves.
Tres ligeras, tres bastardas
mandé que a mi mano izquierda
pusiese la Capitana
de Venecia, el General
que nuevo Neptuno llaman.
Puse a la mano derecha
una galera bizarra
de las tuyas, y de todas
se hicieron dos grandes alas.
El estandarte real
con el blasón y las armas
de Aragón en mi galera
al viento se tremolaban.

Dieron señal las trompetas
para empezar la batalla.
Fue tanto el rumor confuso
y las voces fueron tantas
que no volaban las aves
ni los delfines nadaban.
Suspendióse el mar confuso
de ver tan desordenada
competencia de los vientos
si no de fuerzas extrañas.
Huyeron los mudos peces
a las profundas entrañas
del mar, buscando las rocas
llenas de coral y nácar.
Encontráronse tus naves,
de los tuyos arrojadas,
con las suyas ginoveses
que estaban en triste calma.
Abriéronle los costados
y el mar, en sus mismas casas
movedizas, quitó a muchos,
sin resistencia, las almas.
Disparáronse las flechas,
arrojáronse las lanzas,
y a los bordes de las naos
usaron de las espadas.
Las olas del mar se abrieron,
venas de sangre cuajada,
y tantos cuerpos cayeron
que las naos se juntaban.
Cuál, medio muerto caía,
y de morir acababa
bebiendo su propia sangre,
entre las aguas mezclada.

Quisiera aquí, Rey don Pedro,
la retórica romana
y las lenguas que atribuyen
los poetas a la Fama
para poder referirte
las nunca vistas hazañas
de un noble soldado tuyo
de los que están en tu casa.
Aferró un sutil navío
a la nave Capitana
de Génova, y a pesar
de los que en el borde estaban,
entró dentro y dando muerte
a tres valientes escuadras
de soldados, su estandarte
arrancó y echóle al agua.
Asió a Antonio de Grimaldos,
su General, por la falda
del tonelete y al mar
le echó el peso de las armas.
Socorrióle una galera
cuando anegándose estaba,
y nadando tu soldado,
gallardamente se escapa.
El solo dio la victoria
porque la enemiga armada
sin general y estandarte
con razón teme y desmaya.
No quiero decir el nombre
si tú, señor, no lo mandas;
aunque ya verás quién es
pues que mi lengua lo calla.

Rey (Aparte.)   (Grande modestia es la suya;

102

	es él, y como se alaba no quiere decir su nombre.)
Violante	Hazaña fue extraordinaria.
Rey (Aparte.)	(Es gran soldado Cabrera.)
Violante (Aparte.)	(Es el dueño de mi alma. Cordura y modestia tiene en callar su nombre.)
Rey	Basta, Cabrera, lo referido, para saber yo y la Infanta quién es aquese soldado.
Violante	Ya sabemos quién es.
Lope (Aparte.)	(¡Gracias a Dios que tantas desdichas tendrán fin, pues que le agrada al Rey esta relación! ¡Fortuna, ayúdame!)
Violante	Pasa adelante, don Bernardo.
Bernardo	En esta naval batalla vi cosas particulares que admira solo el contarlas. Muchas lanzas, muchas flechas que a las naves se tiraban, errando el golpe primero daban muerte a los del agua.

Unos bravos ginoveses,
que en dos fustas peleaban,
tanto al borde se allegaron,
sabiendo que a las espaldas
enemigos no tenían,
que las fustas, trastornadas
con el peso, fueron tumba
en su muerte no pensada.
Iban nadando soldados
al tiempo que se encontraban
de rostro dos fuertes naves,
y en medio los despedazan.
Al fin, señor poderoso,
tan reñida, cruel y brava
fue la batalla, que muchos
de las naves destrozadas
se tiraban los pedazos
y los remos se tiraban;
y algunos, con sus heridas,
tiran las sangrientas armas.
Peleó Génova tanto
que por libertad sagrada
y no el marítimo imperio
parece que peleaba.
Ocho mil murieron luego
de los más nobles de Italia,
y tres mil quedaron presos
y solamente nos faltan
cinco aragoneses nobles,
y de la gente ordinaria
doscientos. Ésta es, en suma,
la victoria que hoy aguardas.
Mucha parte se les debe
a don Ramón de Moncada

y a don Tiburcio que escuchan
la relación en tu sala.

Rey
Don Ramón y don Tiburcio
estarán siempre en mi gracia
y dos títulos de Condes
les daré; que así se pagan
los nobles que sirven tanto.
Vos, don Bernardo, que en paga
de batallas, os dé el cielo,
desde hoy seréis en mi casa
mi mayordomo mayor.

Violante
No son mercedes muy largas.
Dale más.

Rey
                    Conde de Osuna
sois.

Violante
            ¡Qué poco le levantas!
Dale más.

Rey
                Y seréis ayo
de don Juan, que ya se trata
de traerle a Zaragoza
y ponerle aparte casa.

Violante
Mira que merece mucho.
Dale más.

Rey
                    Mis reinos manda.

Violante
Pienso que poco le has dado
si conmigo no le casas.

Bernardo   Detén, invicto señor,
                las liberales palabras,
                que no hay sujeto en quien quepan
                tanto amor, mercedes tantas.

(Haya música y vanse, y quedan Roberto, Lázaro y don Lope.)

Lope   ¡Válgate Dios! Si mercedes
                me ha de hacer, ¿cómo dilata
                tanto el Rey el alegría
                de mis tristes esperanzas?
                La Infanta no me ha mirado.
                ¿Si disimula la Infanta
                el mucho amor que me tiene?
                ¿Si está en ausencia trocada?
                ¿Si ha entendido que yo soy
                aquél cuyo nombre calla
                don Bernardo? ¿Si no saben
                mis celebradas hazañas?
                De ningún modo me mira
                la discreta y la gallarda
                Violante. ¡Cielo! ¡Fortuna!
                ¿Si es recato, si es mudanza?
                Muda noche, date prisa
                a tender tus sombras vanas
                sobre los montes del mundo,
                sobre mi mal. ¿Si me habla?
                Ya se fue y no me ha mirado.
                ¿Cómo puede quien bien ama
                dejar de mirar mil veces
                la persona que es amada?
                Sin el favor de Violante
                y sin ver las manos francas

del Rey, me quedo suspenso
en confusiones amargas.
¡Ah, desdichado de aquél
que pone su confianza
en Rey humano! ¡Maldigo
el que bien del hombre aguarda!

Roberto

Al Rey le pienso decir,
para que merced le haga,
cómo es Lázaro el soldado,
el valiente de su escuadra;
pues don Lope es desdichado,
déme un memorial mañana
que yo le consultaré
......   a-a

Lázaro

¡Qué se desvanezca tanto
este pícaro! ¡Mal haya
mis malos sinos! Las manos
me quiero comer de rabia.

Roberto

¿Qué ventajas, cómo?

Lázaro

        Escucha:
Siempre un escudero trata
con su criado las cosas
más secretas de su casa;
como él solo es su privado,
parten la mesa y la cama,
y suelen vestirse a veces
un camisón y unas calzas.
Hay escudero que ayuna
los santos de una semana,
porque lo coma el criado,

y no se queje en la plaza.
Un escudero y su mozo
son como dos camaradas;
son el ciego y Lazarillo
que «merced» y «tú» se llaman.
Pero un pobre Gandalín,
que en la fantástica sala
de un señor pasa su vida
desde el bozo hasta las canas,
en pie se está todo el día
y como grulla descansa
desde el alba hasta la noche
y desde la noche al alba.
El pícaro, el cocinero,
el ujier, el maestresala,
y el otro comelitón
de los que en las mesas andan,
todos al fin manosean
lo que el cuitado levanta
de la mesa. Esta es su vida.
¡Qué buen provecho les haga!

Roberto   Pues porque entienda el bribón
que provecho y honra alcanza
el que sirve a gran señor,
fuera este pícaro! ¡Salga!

(Sale el portero y dale de palos.)

Portero   ¡Salga, peste, que el señor
don Roberto se lo manda!

Lázaro   ¿Don Roberto

Portero	¡Salga fuera!
	¿Por qué se detiene? ¡Salga!
Lázaro	¡Ah, Fortuna! ¡Voto a Dios,
	que sois una mentecata!

(Échale a palos y vanse. Salen al balcón Dorotea y don Lope al terrero, de noche. [Luego sale Lázaro].)

Lope	Rayos parece que veo
	que a los del Sol acompañan
	si no son los que me engañan
	los ojos de mi deseo.
Dorotea	¿Es mi don Lope?
Lope	¿Es mi dueño?
Dorotea	Es la que os confiesa suyo.

(Sale don Bernardo, de noche.)

Bernardo (Aparte.)	(Como amante velo y huyo
	de verme en brazos del sueño.
	Crece el amor de Violante
	en mí mientras más la veo
	y con él crece el deseo
	de conocer a su amante.)
Dorotea	No vienen con alegría
	a la mía semejante
	la noche para el amante
	y para el enfermo el día;
	ni la libertad sagrada

109

                          viene para el preso así
                          como viene para mí
                          presa, enferma, enamorada.
                             ¿Qué gloria se vio jamás
                          como es el fin de una ausencia?

Lope   Me admira la diferencia
                          de los favores que das.
                             Hoy tu Sol no me alumbraba,
                          y ya en tus rayos me enciendes.

Dorotea   ¿Es posible que no entiendes
                          que entonces disimulaba?

Bernardo (Aparte.)   (Mujer habla a la ventana,
                          y estarme pretendo aquí
                          aunque llueva sobre mí
                          sus lágrimas la mañana.)

Lope   No ama el fuerte soldado
                          de enemiga sangre rojo
                          al pretendido despojo
                          en el lugar asaltado,
                             ni el herido y medio vivo
                          ciervo, con la sed ardiente,
                          la clara y risueña fuente
                          con su cristal fugitivo,
                             ni allá el que da en el mar
                          remo al agua y lienzo al viento
                          el puerto, con más contento
                          que yo te vengo a buscar,
                             mi Infanta.

Bernardo   (Solo escuchando

decir «mi Infanta», o mi muerte
llámame próspera suerte.
Dame lo que Amor te ha dado;
que tengo envida de ti.)

Lope

¿Supiste cómo era yo
el soldado que venció
la batalla naval?

Dorotea

Sí.

Lope

Pues, ¿cómo el Rey no ha querido
hacerme merced alguna?

Dorotea

Guardaráte la Fortuna
para ser...

Lope

¿Qué?

Dorotea

Mi marido.

Bernardo (Aparte.)

(Marido dijo la Infanta.
Incauta serpiente he sido;
que he descubierto el oído
a la voz del que me encanta.
En envidia, amor y pena
se empieza el alma a anegar,
porque he venido a escuchar
las voces de mi sirena.
La plática me fastidia.
Quiero de alguna manera
impedirla, y necio fuera
si no muriera de envidia.)

Lope	Mi señora, gente suena. Viva yo en vuestra memoria y adiós, vida de mi gloria.
Dorotea	Adiós, muerte de mi pena.

(Quítase Dorotea del balcón.)

Bernardo (Aparte.)	(Ya se quitó Violante. Reconocerle deseo.) ¿Quién va?
Lope	Un hombre.
Bernardo	Ya lo veo.
Lope	¿Quién sois, pues?
Bernardo	El Almirante.
Lope	¿Don Bernardo de Cabrera?
Bernardo	¿Señor don Lope de Luna? De tu contraria fortuna ¿quién tal suceso creyera? Don Lope, ¿qué hacéis?
Lope	Aguardo el Sol que hiere en mi Luna. Perdonadme, don Bernardo, si en contar de mi fortuna los varios sucesos, tardo. Vi a la Infanta, al cielo vi, y no viendo alas en mí,

que son los merecimientos
trepé por los pensamientos
y a sus favores subí.
    Para mí sale esta estrella
haciendo Oriente el balcón,
y de noche vengo a vella
y espero dulce ocasión
para casarme con ella.
    Cuando más desesperado,
me viene el bien todo junto,
que no hay hombre desdichado
tanto, que de todo punto
le tenga Dios olvidado.

Bernardo   Mitad de aquesta alma mía,
goza en buen hora a la Infanta,
que ya te dije algún día
que entre desventura tanta
grande dicha se escondía.
    Tu bien no será violento
con tan alto casamiento
porque la Fortuna escasa
tardó en hacerte la casa
por hacer tan buen cimiento.
    Hízome el Rey, mi señor,
las mercedes que estás viendo.
Subí presto, y como flor
del almendro iba temiendo
de los vientos el rigor.
    Puede el bien que el Rey me hace
ser el primero que nace,
y muere en tiempo muy breve,
y ser la cometa leve
que en el aire se deshace.

Mas tú, a la sangre arrimado
del Rey, podrás, como hiedra,
trepar a mayor estado;
que a mí en papel y a ti en piedra
Fortuna nos ha pintado.
    Bien es que lo solemnices,
pues nos da varios matices,
a mí el temple, el olio a ti.
Bienes muebles me da a mí;
mas a ti, bienes raíces.
    Festeja, ronda, pasea,
pide a la Infanta colores,
y ponlos en tu librea,
y alcances de tus amores
el bien que tu alma desea.
    Caballos, joyas, dinero,
te he de dar, y mostrar quiero
que nuestra amistad es tanta
que adorando yo a la Infanta
celoso estoy placentero.
    Por seis caballos envía
y diez mil escudos de oro.
Vete, porque asoma el día.

(Vase don Bernardo.)

Lope   No tiene esa fe que adoro
                        otra igual si no la mía.

(Vase don Lope y sale Dorotea al balcón.)

Dorotea (Aparte.)   (Aquí me he estado hasta agora,
                        por ver que don Lope ha estado
                        con otro.) ¿Sois vos criado

114

de don Lope?

Lázaro   Sí, señora;
y me dejó para dar
un recado a Dorotea.

Dorotea (Aparte.)   (Ruego a Dios que por bien sea.)
Yo soy; bien podéis hablar.

Lázaro (Aparte.)   (¡Vive Dios, que es medio ciega!
¡Buen gusto tiene don Lope!
Por un ojo llora arrope
y por otro girapliega.)

Dorotea   ¿Escúchanos alguien?

Lázaro   No.

Dorotea   ¿Parece él?

Lázaro (Aparte.)   (Yo no quisiera
que aquí don Lope volviera.)
Dice que siempre os amó,
y que le habléis de día
porque está por vos perdido.

Dorotea   ¿Luego ya me ha conocido?

Lázaro   Como a mí.

Dorotea (Aparte.)   (¡Gran dicha mía!)

Lázaro   Dice que ha menester,
porque es pobre, algún dinero,

pues sabéis que es caballero
y que os quiere por mujer.

Dorotea   En albricias te daré
este anillo de mi dedo.
Dile el gusto con que quedo,
y que yo le escribiré.

(Arrójale el anillo y vase Dorotea.)

Lázaro   En el sombrero topó,
pero dentro no ha caído;
él se quedará perdido
según dichoso soy yo.

(Vase Lázaro. Salen Violante y Leonora.)

Violante   Aunque entenderme no ha querido el alma,
don Bernardo, mi amor lo manifiesta;
sospecho que a otra adora, y así quiero
que delante de mí le desengañes.

Leonora (Aparte.)   (Antes pretendo que mi amor entienda.)
Él viene.

Violante   Aquí le espero retirada,
mientras le dejan los que le acompañan.

(Vanse Violante y Leonora. Salen don Ramón, don Tiburcio, una viuda, un criado y un labrador.)

Bernardo   Conde, suplico a vuestra señoría
que no me trate así.

Ramón   Dame licencia,
                    vuestra señoría, para acompañarle.

Bernardo   ¿Yo? ¡Por vida del Rey! Que un paso
                    no dé.

Ramón   Pues, volveréme.

(Vase don Ramón.)

Bernardo   ¡Ea, señores!
                    Hagan lo mismo.

Tiburcio   Éste es nuestro oficio.

Bernardo   Denme vuestras mercedes memoriales.

Tiburcio   Don Ramón de Moncada y yo pedimos
                    en éste que...

Bernardo   No paséis adelante;
                    ya sé lo que pedís. El Rey os hace
                    mercedes, y es razón, que luego sean.

Tiburcio   Hechura somos de vuestra señoría.

(Vase don Tiburcio.)

Viuda   Yo soy, señor, la viuda del Capitán
                    Lupercio, que en la guerra murió.
                    Y dejóme pobre y con una hija
                    sin estado, y al Rey suplico en éste
                    que me haga merced.

Bernardo	Eso es muy justo.
	Fue el Capitán Lupercio gran soldado.
	Mientras su majestad merced os hace,
	tomad esta cadena, y perdonadme,
	que yo despacharé vuestro negocio.
Viuda	¡Vivas mil años, y pagar me deje
	el cielo esta merced!

(Vase la viuda.)

Bernardo	¿Vos, hombre honrado?
Labrador	Señor, este papel al Rey traía
	porque sepa que murieron mis hijos.
Bernardo	¿Murieron vuestros hijos en la guerra
	y así a su majestad pedís limosna?
Labrador	Eso mismo, señor.
Bernardo	Mientras que sale
	a luz la pretensión, tomad aquesto.

(Dale una bolsa.)

Labrador	Este servicio pagaré algún día.
Bernardo	Haberlo menester será desdicha.

(Sale la Infanta.)

Violante	Almirante, muchas veces
	os he dicho lo que agora,

	porque mi amor y Leonora son fidedignos jüeces. ¿A Leonora no has querido? ¿Es aquesto así, Leonora?
Bernardo	No, por cierto.
Leonora	Sí, señora.
Violante	¿Pues ya no habéis entendido que no ha gustado Leonora que la sirváis?
Bernardo	Es así.
Violante	¿Y sabe que vuestra fui?
Leonora	Sí.
Violante	¿No es así?
Leonora	Sí, señora.
(Sale don Lope.)	
Lope (Aparte.)	(Preguntando por Cabrera entrar me dejan aquí. ¡Cielos! La Infanta está allí. Dichoso yo si me viera. Mas, ¿quién duda que me mira alegre y disimulada?)
Bernardo	Veros, señora, trocada hoy me suspende y admira.

Desde que os vi, os adoré;
como cuerdo, el alma os di;
como loco, no creí
vuestro amor, faltó mi fe.
    Adoro vuestra hermosura,
y viendo tanto favor,
hallo que me da el amor
tiempo, lugar y ventura.
    Supe amar, porque elegido
rayos que al Sol excedieron;
que muchos amar pudieron,
pero pocos han salido.
    Así que si esa hermosura
se inclina a mi voluntad,
no me deja una amistad
gozar de la coyuntura.
    A serviros no me atrevo,
ni ponerme en vuestro nombre
pluma, porque ofendo al hombre
que más en el mundo debo.
    Y pues que nace el deseo
imposible de miraros,
forzado habré de dejaros
para no morir si os veo.

(Vase don Bernardo.)

Violante   Mi Bernardo, espera, espera.
                ¿Por quién dirá que lo deja?

Leonora   Por el Rey.

Violante   ¿Pues no se aleja?
                Corre, dile que me quiera.

(Vase Leonora.)

Lope (Aparte.)   (En rayos de celos ardo,
¡Ay, infelice de mí!
¿Qué es esto? Decir la oí
tiernamente, «mi Bernardo».
   ¿Ha querido darme celos?
Si no me ha visto, yo intento
romper con el sufrimiento.
Dad lugar, airados cielos.)
   ¡Ingrata!, que me has subido
al cielo de tu favor
por darme pena mayor
dejándome sumergido
   en un abismo de agravios,
de celos, penas y enojos.
¿Cómo delante tus ojos
me han ofendido tus labios?
   ¿Cómo es posible que llames
tuyo a otro hombre en mi presencia?
Tu amor ha sido violencia;
pero no me espanto que ames...

Violante   ¡Jesús, Jesús! ¡Dios me valga!
¿Quién es éste?

Lope   ¿Desconoces
el que ofendes?

Violante   Daré voces,
porque este loco se salga.
   ¡Hola! Echad de aquí este loco.

Lope	Loco estoy, y es mi locura el agravio y desventura que ya con las manos toco. ¡Ah, Circe, llena de engaños!
Violante	¡Echad un loco de aquí!

(Vase la Infanta.)

Lope	¡Véngueme el tiempo de ti, vuelen ligeros tus años!

(Pase el Rey por el tablado poco a poco.)

(Aparte.)   (Solo pasa el Rey don Pedro;
gozar quiero esta ocasión
y saber por qué razón
aunque le sirvo, no medro.
    Si de verme se enojare,
¿qué más mal puede venirme
que he visto?) Para oírme,
vuestra majestad, se pare.
    Y si fuere atrevimiento
hablar de aquesta manera,
mándeme que calle o muera
que yo moriré contento.
    Rey famoso de Aragón,
¿en qué te ofendí jamás?
Nombre de traidor me das.
¿Cuándo te hice traición?
    ¿Cuándo yo no te serví
con mis armas y caballo?
Di, ¿qué Rey tuvo vasallo
de más lealtad que hay en mí?

Rey	¿Qué dices, hombre?
Lope	¿Aún no quieres ver en tu boca mi nombre? Bien dices, que soy muy hombre ...... eres.

(Vuelve a salir la Infanta.)

Violante	¿Tu majestad se ha topado con este loco?
Rey	¿Loco éste?
Violante	Vuestra majestad, no preste atención a este alocado.
Lope	Job me preste su paciencia para sufrir este agravio.
Rey	No le llaméis al contrario que yo veré su inocencia. ¡Hola!

(Sale el Portero.)

Portero	¿Qué quieres, señor?
Rey	Echad luego enhoramala este loco de la sala.
Lope	Bien se me paga el amor con que este brazo te ayuda.

Portero	¡Salga el loco!
Lope	¡Extraños modos de honrar! Pues lo dicen todos, yo estoy ya loco, sin duda.

(Échanle y vase. Sale Leonora.)

Leonora (Aparte.)	(Gozar tengo la ocasión, pues vencida de amor fue, y quiero mostrar mi fe.) Rey famoso de Aragón, los reyes que han alcanzado victorias, hacen mercedes. Pues, venciste; honrarme puedes.
Rey	¿Qué pedís, Leonora?
Leonora	Estado.
Rey	¿Y quién te sirve al presente? Dime, Leonor, la verdad.
Leonora	Persona es de autoridad que tiene su nombre ausente.
Rey	Pues, Leonor, de mí confía que vendrá a ser tu marido, aunque para mí has tenido el corazón de una arpía. Piedra fuiste a mi fe rara, y así tu rigor tirano será piadoso.

124

Leonora	A mi hermano, el Conde Enríquez de Lara, escribiré.
Rey	En hora buena.
Leonora	Besaré tus pies.
Rey	Levanta.
Leonora (Aparte.)	(Burlada dejo a la Infanta y remediada mi pena.)

(Vase Leonora.)

Rey (Aparte.)	(La Infanta he visto llorando.) ¿Qué tiene, hermana, tu alteza?
Violante (Aparte.)	Un vahido de cabeza me ha dado. (Voyme rabiando.)

(Vase la Infanta.)

Rey	Sospecho que algún amor
	a don Bernardo ha tenido
	la Infanta, y así ha sentido
	verle casar con Leonor.
	    Si esto es así, el Almirante
	con ella se casará
	y Leonor lo perderá;
	que aunque yo he sido su amante
	    quiero de modo a Cabrera
	que ha de estar a su elección.

(Sale don Bernardo.)

Rey	Vienes a buena ocasión, don Bernardo.
Bernardo	¿En qué manera?
Rey	Hoy quiero casar al Conde de Ribagorza.
Bernardo	¿Con quién?
Rey	Con Leonora.
Bernardo	Está muy bien.
Rey (Aparte.)	(Alegremente responde. No le tiene mucho amor.) Y también quiero casar... (ya se empieza a demudar) a la Infanta.
Bernardo	¿A quién, señor?
Rey (Aparte.)	(Amor hay entre los dos, ... -ante)
Bernardo	¿Con quién?
Rey	Con el Almirante.
Bernardo	¿Con qué Almirante?

Rey   Con vos.

(Vase el Rey.)

Bernardo   La Infanta me quiere dar
                            y a la esfera de la Luna
                            me quiere el Rey levantar.
                            ¡Ah, fe! ¡Próspera Fortuna!,
                            que me dais qué sospechar.
                                Don Lope adora a Violante;
                            y yo, que los pasos sigo
                            de la Fortuna inconstante,
                            hallo, subiendo, un amigo
                            que ir no me deja delante.
                                Si paso, ingrato he de ser.
                            Si me quiero detener
                            sin pasar, queda mi vida
                            en medio de la subida
                            y a peligro de caer.
                                Al juego es Fortuna igual.
                            Ya dice bien y ya mal.
                            ¡Cuántos, sin límite y modo
                            por querer ganarlo todo
                            suelen perder su caudal!
                                Pues a jugar me he sentado
                            y mi fortuna ha dejado
                            solo un resto de ganar,
                            yo me quiero levantar
                            con lo que tengo ganado.
                                Mi retirada apercibo.

(Salen don Lope y Lázaro.)

Lope   Triste, don Bernardo, estoy.

Bernardo	No lo estarás mientras vivo,
	que, porque subes, yo soy
	el mismo que me derribo.
	El Rey me quiere casar
	con tu Violante querida;
	Fénix me podrás llamar,
	pues que por darte mi vida
	hoy me quiero retirar.
	Que excedo a Alejandro, creo;
	porque él dio lo que gozó;
	que, a veces, parece feo
	lo que se ha gozado, y yo
	te dejo lo que deseo.
Lope	Ya, amigo, no soy quien fui.
	Ese Sol que me alumbraba
	se ha eclipsado para mí;
	de mi pasión se burlaba
	el amor que en ella vi.
	Ni la adoro, ni la invoco;
	fueron sus cosas quimeras,
	y hame tenido en tan poco
	que cuando llegué a las veras,
	me respondió que era un loco.

(Sale un criado con una bolsa y una carta.)

Criado	¿Don Lope de Luna es
	vuestra merced?
Lope	Sí, soy.
Criado	Pues,

128

ésta tome y ésta lea.

(Dale una carta.)

Lope	¿De quién es?
Criado	De Dorotea.
Lope	Yo responderé después.
(Vase el criado.)	Don Bernardo, esto me espanta.
	Letra es ésta de la Infanta.
Bernardo	No es suya, que escribe bien
	y aquésta es mala.
Lope	Detén,
	Fortuna, desdicha tanta.

«Mi don Lope, perdonad;
que el teneros voluntad
a engañaros me ha obligado.
Mas ya me dijo el criado
que vos sabéis la verdad,
   y pues vuestra alma desea
ser esposo y dueño mío,
ocasión habrá en que os vea.
Perdonad, que ahí os envío
cien doblones. Dorotea.»
   ¿Sueño, escucho, duermo o velo?
¿Muero, vivo, hablo, leo?
¿Esto es verdad o es engaño?
Mas siendo mi propio daño,
¿por que dudo y no lo creo?
   ¿Qué dueña es ésta que trata
de ser así mi homicida?

Nunca me dieras, ingrata,
tras engaños que dan vida
un desengaño que mata.

(Arroja la bolsa.)

Bernardo   Tanto, don Lope, he sentido
                 verte engañado y quejoso,
                 que solo porque has creído
                 que te amaba, estoy dichoso
                 si es justo ser su marido.

Lázaro   ¡A fe que estamos medrados!
                 Nuestro huésped se ausentó
                 y están los seis mil ducados
                 que el Almirante nos dio
                 sin tener barbas, rapados.

Lope   ¡Jesús! ¡Con cuánta razón
                 hoy por loco me tenía!
                 ¡Soñaba yo su afición
                 y a la fe, desdicha mía,
                 que los sueños sueños son!

Lázaro   ¡Pues, vive Dios, que no sueña
                 Lázaro lo que ha contado!

Lope   ¡Ay, de mí! Sola una dueña
                 pudiera haberme engañado.

Lázaro   El seso tiene en Sansueña.

Lope   Don Bernardo, ya es violento
                 mi vivir; solo un convento

me puede dar acogida.
Allí acabará la vida
que tan desdichada siento.
  No vía en el siglo más
un hombre tan desdichado.

Bernardo   Si así, don Lope, te vas,
se pierde el mejor soldado
que tuvo España jamás.
  Oye, espera.

(Vanse don Lope y don Bernardo.)

Lázaro   Esta ocasión
en mis desdichas espero.
Fraile seré motilón
pues no me tocó dinero
de mano de aquel ladrón.
      .....   -eno,
Vida de tantos enojos
y más que me dio el sereno
la noche, y tengo los ojos
medio ciegos y estoy lleno
  de rabia, mas si cegara,
¿pudiera andar? Si pasara
esta sala sin caer,
quiero examinarme y ver
si estando ciego acertara.
  Bien voy, bien voy; no ando mal.

(Anda como ciego y sale Roberto.)

Roberto   El Rey llama al Almirante
y en el palacio real

	no está. ¿Qué tengo delante? ¿Hay dicha a mi dicha igual?
(Alza la bolsa.)	¿No pasaste por aquí?

Lázaro	Sí.

Roberto	Y di, ¿cómo no alzaste esta bolsa.

Lázaro	No la vi. Soy un puto.

Roberto	La dejaste llena de oro para mí.

Lázaro	¡Que viniese yo a cerrar los ojos a este lugar! ¡Qué así Fortuna me trate! Pues, vivir tiene el gaznate no me tengo de ahorcar.

(Vanse Lázaro y Roberto. Salen la Infanta con un libro y Dorotea.)

Violante	Triste estoy, mi Dorotea.

Dorotea	Señora, elige otro amante. ¿Mando que Lisardo cante?

Violante	Antes gustaré que lea. ¿Qué libro es ése?

Lisardo	Estas son relaciones que han salido de cosas que han sucedido

en el reino de Aragón.
El Rey sale.

Violante
                    A darme pena
con casamientos, vendrá.

(Sale el Rey.)

Rey   ¿Cómo está tu alteza, ya
hermana?

Violante
                  No estoy muy buena
de una celosa pasión.

Rey   Que parará en alegría.
¿Qué haces, Lisardo?

Lisardo   Leía.

Rey   Prosigue con la lición.

Lisardo   «Capítulo segundo: De la conquista de
Cerdeña. Fuera (como se ha dicho
de la conquista de esta isla) dificultosa,
si no la conquistara el valor e industria
del valeroso caballero don Lope de Luna,
Mayordomo mayor del Rey don Jaime; el
cual, después de haber dado muerte
al General de los sardos usó de una
estratagema digna de su ingenio, y fue
fingir que iba huyendo y agraviado de los
españoles, diciendo a voces:
"Abridme, sardos famosos, y amparadme."
Entró en la ciudad, y otro día salió

al campo desafiando a los aragoneses, cautivando
con esta cautela algunos. Hizo lo mismo dos o
tres días, hasta que tuvo dentro
número competente para su intento,
y dándoles secreta libertad,
abrieron una puerta por el muro por el
cual entraron los españoles, y
ganaron la ciudad y rindieron la isla.»

Violante   ¡Gran valor!

Rey   Sin semejante
don Lope de Luna fue.
¿Cómo estos hechos no sé?
Prosigue, pasa adelante.

Lisardo   «Y es cosa digna de consideración, que
este mismo caballero en dos batallas que
se ha hallado, ha muerto los dos generales;
porque en la naval de Génova, después
de haber ganado el estandarte de la Señoría,
se arrojó al agua con Antonio de
Grimaldos, su General.»

Rey   ¡Corrido estoy, y me aflijo
de no haber considerado
que era don Lope el soldado
que el Almirante me dijo!

Lisardo   «Es don Lope de Luna de calidad que ya
se sabe: hombre cuerdo, callado, animoso
y en extremo desdichado, pues vive tan
pobre que si don Bernardo de Cabrera, su
íntimo amigo, no le socorriera,

padeciera eterna necesidad.»

Rey   ¡Calla ya, que ingrato he estado
                       al cielo y sus beneficios,
                       pues que con tales servicios
                       hay hombre tan desdichado!

Violante   Ya deseo conocer
                       hombre a quien el cielo dio
                       tal valor.

Dorotea   ¡Dichosa yo
                       que espero ser su mujer!

(Sale Leonora.)

Leonora   Hoy andan en competencia
                       mis pensamientos y amor.

(Salen el conde de Ribagorza y don Bernardo de Cabrera.)

Bernardo   El Príncipe, mi señor,
                       ha partido de Valencia,
                          y escribe Enríquez de Lara
                       que le viene acompañando.

Leonora   Venir y estar esperando
                       mi buena dicha declara.

Rey   Huelgo que el Príncipe venga
                       a Aragón con prisa tanta
                       porque en sus bodas la Infanta
                       tan grande padrino tenga.

Violante	¿Yo, señor?
Rey	Sí, mi Violante,
	porque tenéis de casaros;
	que esto he querido callaros.
Violante	¿Con quién?
Rey	Con el Almirante.
Bernardo	¿Con este humilde hechura
	del Rey, mi señor?
Leonora	No puedes
	volver atrás tus mercedes.
Rey	Leonor, para tu hermosura
	dueño tengo competente.
Conde (Aparte.)	(Si me casase con ella,
	dichosa será la estrella
	que tuve por accidente.)
Violante (Aparte.)	(Mi gusto así se repara;
	mi sangre a su ser volvió.)
Leonora (Aparte.)	(Pues, no seré hermana yo
	del Conde Enríquez de Lara
	si no impido el casamiento.)
Bernardo	Siendo muerte el esperar
	temo que no ha de llegar
	día de tanto contento.
	Deshacen un buen suceso

celos, tiempo y mundo vario.

(Sale el Secretario.)

Secretario
          Tus pies besa el Secretario
          que hasta agora ha estado preso.

Rey
             Mañana, sin falta alguna,
          os caséis.

Violante
                    Tus leyes guardo.

Bernardo
          Y aquí convida Lisardo
          para la adversa fortuna.

Fin de la comedia

Libros a la carta

A la carta es un servicio especializado para
empresas,
librerías,
bibliotecas,
editoriales
y centros de enseñanza;
y permite confeccionar libros que, por su formato y concepción, sirven a los propósitos más específicos de estas instituciones.

Las empresas nos encargan ediciones personalizadas para marketing editorial o para regalos institucionales. Y los interesados solicitan, a título personal, ediciones antiguas, o no disponibles en el mercado; y las acompañan con notas y comentarios críticos.

Las ediciones tienen como apoyo un libro de estilo con todo tipo de referencias sobre los criterios de tratamiento tipográfico aplicados a nuestros libros que puede ser consultado en Linkgua-ediciones.com.

Linkgua edita por encargo diferentes versiones de una misma obra con distintos tratamientos ortotipográficos (actualizaciones de carácter divulgativo de un clásico, o versiones estrictamente fieles a la edición original de referencia). Este servicio de ediciones a la carta le permitirá, si usted se dedica a la enseñanza, tener una forma de hacer pública su interpretación de un texto y, sobre una versión digitalizada «base», usted podrá introducir interpretaciones del texto fuente. Es un tópico que los profesores denuncien en clase los desmanes de una edición, o vayan comentando errores de interpretación de un texto y esta es una solución útil a esa necesidad del mundo académico.

Asimismo publicamos de manera sistemática, en un mismo catálogo, tesis doctorales y actas de congresos académicos, que son distribuidas a través de nuestra Web.

El servicio de «libros a la carta» funciona de dos formas.

1. Tenemos un fondo de libros digitalizados que usted puede personalizar en tiradas de al menos cinco ejemplares. Estas personalizaciones pueden ser de todo tipo: añadir notas de clase para uso de un grupo de estudiantes, introducir logos corporativos para uso con fines de marketing empresarial, etc. etc.

2. Buscamos libros descatalogados de otras editoriales y los reeditamos en tiradas cortas a petición de un cliente.